1. 体能在篮球运动中的表现

体能的价值绝非是帮助你完成扣篮、跑得更快这么简单，它对于篮球实战有重要意义。

⊙进攻端所向披靡

良好的速度优势可以使你在进攻端快人一步，利用百分之一秒的优势撕裂对手的防线；强大的力量基础可以助你肆意碾压对手，在内线翻江倒海；迅猛的爆发力可以让你霸占天空，从空中给予对手致命一击。

⊙防守端震慑四方

灵敏的反应能力可以使你在防守端永远黏在敌人周围，伺机破坏他的进攻选择；强悍的身体对抗力可以助你抢占优势身位，做出更好的盯人防守；恐怖的封盖能力可以令你的对手胆寒，筑起牢固的禁飞区。

⊙攻防转换引领全队

充沛的耐力水平可以使你成为球队在攻防转换时的"永动机"，无论是快攻还是退防，你都能带给球队多一种选择与多一次机会。

⊙赛后快速恢复

球员自身身体素质越好，抗疲劳、恢复能力也就越强。特别是在持续高密度或高强度的比赛间，球员能够快速恢复身体各项运动能力，将会为赢得关键战役打下坚实基础。

2. 体能对篮球水平的帮助

良好的体能素质对于提高篮球水平，特别是业余篮球爱好者的能力是十分有帮助的。它可以一定程度上弥补先天身材的弱点，给予不同类型球员更多的比赛选择。

⊙弥补小个子的身高缺陷

篮球并非是身材高大球员的天下，小个子同样能够占据一席之地。如那些我们耳熟能详的快如闪电的矮个子后卫，他们同样具备大杀四方的能力。此外，小个子如果拥有一定的力量水平，更能够在与比自己高出许多的球员争夺时不落下风。

STEVE NASH
JASON FREDERICK KIDD

史蒂夫·纳什&贾森·基德

在20世纪头十年里，有这样两个人掀起了一场组织后卫的风暴。他们依靠自身无与伦比的能力，获得了不俗的战绩，也吸引了众多球迷的追随。他们就是史蒂夫•纳什与贾森•基德。

组织后卫往往是篮球场上块头最小的，他们看似很容易被“欺负”，只能通过自身的技术与那些大块头们周旋。然而，纳什与基德却给出了不同的答案，小个子也能在运动能力方面战胜那些不可一世的大块头。

史蒂夫•纳什，成名于达拉斯小牛队，但在菲尼克斯太阳队时才真正达到了自己职业生涯的巅峰。纳什的可怕之处不仅仅是他调动球队进攻的组织能力，百步穿杨的投射水平，还有他那巅峰时期让人恐怖的速度！在纳什的带领下，太阳队的快打旋风战术让无数对手疲于奔命，“风之子”的传球速度、启动与变向速度、往返能力都无不令人惊叹。

贾森•基德，许多球迷对他的了解仅局限于那令人拍案叫绝的空中接力以及组织能力。殊不知基德还是一位身体素质极其优秀的组织后卫，他的弹跳力并非一部分球迷所认为的“地板流”。他的力量水平更足以使其在面对比自己大一号的防守球员，甚至得分后卫时都丝毫不落下风。

无论是基德还是纳什，他们的篮球技战术绝对已臻化境。但是，如若没有超强的运动能力，如力量、速度以及敏捷度，那么他们也只能泯然众人，无法成为那个时代关于组织后卫的代名词。

⊙提高大块头的移动速度

大个子球员拥有天然的身高与体重优势，相应的力量水平更是足以傲视整个球场。不过，他们却常被那些小个子后卫以鬼魅般的速度打得晕头转向，这其中最关键的因素莫过于大个子较慢的移动速度。拥有更快的脚步不仅可以使你在禁区内更具威慑力，更能够使你在快攻时给予对手最致命的杀伤。

PAU GASOL

WILT CHAMBERLAIN

威尔特·张伯伦&保罗·加索尔

张伯伦，一个传奇般的人物，他保持的众多上古纪录在现在的篮球比赛中看似不可能被打破，甚至在未来的许多年里也看似是一则神话故事。在现如今尚存的有关"100先生"的录像中，你经常能够看到这样一个现象：张伯伦在前场完成得分后，快速跑回本方半场做出有效防守，后又立即参与到快攻中，成为球队的先锋官。作为一名中锋球员，他却拥有着不弱于后卫的速度，恐怖能力可想而知。

加索尔，湖人王朝的核心之一。在他进入球队以前，"湖蜜"们已经快十年没有看到自己的中锋出现在快攻最前线了，上一次有个大块头这样冲锋时，科比还是个初出茅庐的年轻人。加索尔不同于传统内线，他不仅拥有极强的先天优势(臂展恐怖)，更具备快速的移动速度与反应能力，使得对位球员在盯防时疲于奔命。

⊙增加神射手的进攻选择

神射手们可怕的投篮能力往往会使其忽略更多重要的进攻手段，如突破、背身单打等。过于依赖投篮的结果是导致篮球水平严重畸形发展，虽然你有一门真正意义上的必杀技，看似取敌将首级如探囊取物，但事实上这也是你最严重的弱点。因为每个人都知道你会用这招，那么只要不给你投篮空间便不会造成太大杀伤。无论是在什么水平的竞技环境下，投篮能赢得一场比赛的胜利，但绝无法赢得一个冠军。你必须通过体能训练获得更多的进攻选择，才不至于成为"跛脚斗士"。

LARRY BIRD
REGGIE MILLER

拉里·伯德&雷吉·米勒

伯德，凯尔特人王朝时期的核心，其恐怖的投射能力令人胆寒。然而，伯德并非只靠投篮一门手艺吃饭，他的单打能力、防守能力、策应能力同样出色。相比那些身材单薄、运动能力较差的纯射手而言，伯德显然更具竞争力。虽然拥有足以傲视群雄的投射能力，但他从不滥用，正是因为其将突、投、传结合得如此相得益彰，凯尔特人才能够塑造自己的王朝。

米勒，那个曾经一把将"神"推开，然后奉献无情绝杀的"杀手"。尽管多年来对于米勒这最后一击是否属于犯规依旧存在争议，但请不要忽视米勒在这之前与之后的所作所为：在接球前，米勒从篮下沿三分线绕出，激烈的身体对抗下米勒并没有损失自己的速度，使得其可以在出手前避开乔丹的快速补防；而在接球后，米勒更是顺势转身，没有任何调整地在空中直接漂移出手。这一连贯动作如果没有强大的身体控制能力、平衡力与力量作支撑，是根本不可能完成的。这也正是米勒与其他"神射手"最大的区别，投篮准的有很多，但能在关键时刻完成这样致命一击的却只有米勒。

SCOTTIE PIPPEN

⊙扩大防守悍将的"业务范围"

一支球队的防守悍将往往只关注与防守相关的身体素质训练。他们对于力量或移动速度较为看重，但是对于进攻端所需的速度、柔韧性则相对较为忽视。这样即使防守悍将想进攻，但身体却没有任何有关"进攻"的记忆，便会出现技术动作容易变形，身体显得较为僵硬的现象。

KEVIN GARNETT

斯科特·皮蓬&凯文·加内特

如果要评选技术最全面的小前锋，相信没有人得票数会高于皮蓬。作为公牛王朝的奠基人，他不仅在防守端与乔丹、罗德曼组成了恐怖的防守体系，在进攻端更是具备较强的杀伤力，是球队进攻的主要选择之一。力量、速度、敏捷、柔韧性、耐力等多种篮球所需的体能素质几乎都在皮蓬的身上显露无遗。

加内特因为独特的身材特点'身高高度与臂展长度'，相比皮蓬更加全面。他可以像一个小个子一样做出快速的变向突破，更能够像那些大块头一样进行扎实的背身进攻。在防守端，加内特的防守面积之大令人难以置信，他可以覆盖整个三分线内。这一切如果没有全面的体能素质作为支撑，只能永远成为一则童话故事。

LEBRON RAYMONE JAMES

⊙丰富攻击手的“军火库“

对于球队的主要得分手而言，如果身体素质发展不均衡，有严重的薄弱点，那么便会遏制整个球队的进攻。你可以看看那些拥有真正超级得分手的球队，他们少有进攻陷入泥潭的情况。哪怕巨星们自己进攻不在状态，命中率低下，他们也能通过自己的经验与身体为别的队友创造更好的机会。

勒布朗·詹姆斯&科比·布莱恩特

作为一名防守者，你一定不会希望自己面对的敌人是科比或詹姆斯，他们的进攻技术早已臻至化境，你能够做到的就是祈祷他们手风不顺，自己把自己“防死”。

然而，大多数情况下，这种祈祷也是没有任何作用的。因为他们在手感全无时，往往会选择利用自己顶尖且全面的身体优势直接杀入内线，造成你的各种防守犯规，这种一刀刀近似于凌迟的进攻手段，有时候相比那令人窒息的投射或单打更加让人恐惧。

KOBE BRYANT

⊙摆脱替补席的饮水机

如果你不幸成为球队替补席的‘饮水机守护神”，那么与其坐等天上掉馅饼的机会，不如从现在开始刻苦训练。虽然相比队友你暂时无法达到教练的要求，但你可以通过坚持不懈的努力，特别是永不疲倦的奔跑能力打动教练。尽管你有这样或那样的缺点，但没有哪个教练会放弃一匹“不死战马”，忽略他对球队的价值。

本·华莱士&吉尔伯特·阿里纳斯

“大本钟”华莱士在进入NBA以前，曾经因为罚球过于糟糕被球探所嘲笑，认为他不可能在高水平的环境下取得多么出色的成就。时过境迁，当年被嘲笑的那个大个子凭借自己强硬的防守，不仅进入了多为球风华丽者参加的全明星赛，更拿到了梦寐以求的总冠军戒指。要知道，他击败的是不可一世的洛杉矶湖人队和传奇的“F4组合”。

“0号特工”阿里纳斯的故事想必是每个“草根篮球爱好者”都津津乐道的。凭借自己的努力，阿里纳斯从替补席末端一跃成为球队的核心，巅峰期鬼魅般的突破与强壮的身体使其成为联盟中数一数二的枭雄人物。虽然“0号特工”早已不复当年之勇，但他的励志故事依旧激励着每个热爱篮球的青少年奋然前行。

BEN WALLACE
GILBERT ARENAS

既然体能训练如此重要，那么我们究竟该如何将它安排到正常的训练计划中呢？是不是要将其同篮球专项的技战术训练分隔开？体能训练与技战术训练无法兼容会诱发哪些严重的后果？这些都是我们在开始专项体能训练前必须要了然于胸的。

二、体能与技战术
——防止矛盾的出现

体能训练与篮球专项的技战术训练二者间理应是没有任何矛盾的，因为它们都是提高篮球水平所必备的训练方法，互相依存，缺一不可。但是，对于一些业余篮球爱好者而言，这两种本应是互相促进的训练方法，却演变成水火不相容的存在。

1. 时间的选择

体能训练与技战术训练之所以会有所谓的"矛盾",主要与球员自身对于训练时间以及比赛时间的选择不够准确有关:

⊙将训练量极高的体能训练与技战术训练放到同一天

如果你的训练量极高,那么在这种情况下只适合进行一种训练。体能与技战术训练双管齐下的结果只会使你自身的竞技水平不升反降,使身体长期处于疲劳期。

⊙将训练极高强度的体能训练与技战术训练放到同一天

如果你的训练强度极高,那么在这种情况下只适合进行一种训练。体能与技战术训练双管齐下的结果只会使你自身的竞技水平不升反降,甚至会引发严重的伤病。

⊙在赛季期安排大量的体能训练

如果在赛季期依然安排大量的体能训练,那么球员的身体会处在崩溃的边缘。正常比赛所带来的疲劳尚未完全恢复,又安排大量消耗身体肌肉与关节的力量训练,会极易导致伤病的出现。

2. 平衡体能训练与技战术训练的方法

对于专业的篮球运动员而言,体能训练与技战术训练不存在任何兼容与否的问题。但对于客观条件复杂、水平参差不齐的业余篮球爱好者而言,我们必须要找到一些适合他们的特殊方法,才能够最优化平衡这两种不同的训练模式。

⊙二者分开训练

将体能训练与技战术训练分开进行是有好处的,它的价值在于可以让球员尽快做到某件事情,无论是技术层面还是运动能力。如果你选择将体能训练与技战术训练分开进行,那么必须满足以下三个条件之一:

1)自身在体能或技战术方面存在严重不足,急需强化。

2)自身体能与技战术基础十分薄弱。

3)希望快速强化自身最强大的能力。

注意,这里所说的分开训练不是让球员完全孤立二者,不是说在技战术训练时完全不用碰杠铃,或者在体能训练时要把篮球彻底扔掉。在分开训练时,困难的问题在于如何设定训练计划的强度。如果强度较低,那么分开训练的意义也就不再存在。

⊙二者结合训练

将体能训练与技战术训练结合进行是有好处的，它的价值在于不会使球员像分开训练那样丧失一定的“篮球感觉”，并且不容易出现训练过度的问题。如果你选择将体能训练与技战术训练结合进行，那么必须满足以下三个条件之一：

1)自身各项能力较均衡且具备一定水准。

2)自身对于训练计划的执行力较强。

3)自身具备充足的训练时间。

注意，这里所说的结合训练不是让球员在一次训练中完成技战术与体能两大训练。这样依旧会导致过度训练的产生，并且对球员自身的训练水平要求极高。所谓的结合训练指的是在一个周期内，以技战术训练为主，所有的体能训练都为前者服务，最终目的是为了优化前者。相比分开训练，结合训练在篮球层面上的针对性更强。

案例(一)：分开训练快速强化弹跳

球员身高：175cm

球员体重：65kg

初始摸高：290cm

训练摸高：310cm

球员自身之前尝试过多种弹跳力训练法，虽有收效但不大明显。且在练习时依旧进行一定强度的篮球技术训练，如敏捷度练习、变向速度练习、过人技巧练习等，致使球员自身膝关节与腰部有持久性酸痛。使用分开训练法后，球员将每周弹跳训练次数由以前的两次提高到现在的四次，将每周技术训练次数由以前的四次降为现在的一次。膝关节与腰部的疼痛得到一定程度缓解，并且最大摸高高度相比以前提高了20cm。

案例(二):结合训练扩大投篮射程

球员身高:179cm

球员体重:73kg

初始射程:罚球线后一步

训练射程:三分线

球员自身之前虽然采用疯狂式的投篮训练,但最大射程始终没有突破罚球线后一步的障碍,时常出现在三分线内一小步投篮命中率极低,甚至无法触碰篮筐的现象。使用结合训练法后,球员将投篮训练与有针对性的力量训练相结合,不仅增加了自身的射程,更提高了出手时的速度与准确度。

案例(三):错误训练酿成惨剧

球员身高:186cm

球员体重:80kg

身体状况:正常

伤病类型:十字韧带撕裂

球员自身身体状况正常,膝关节无任何伤病史。后因所在班级有学校比赛任务,每天都进行一定强度的比赛与力量训练,渴望快速提高球技、弹跳力与速度,结果导致其在一场强度并不高的比赛中十字韧带严重受损,最终休息时间长达8个月。

作为业余篮球爱好者,切不可将技战术训练或体能训练中的任何一项严重拔高,否则你便会成为一名"跛脚斗士"。在练习时我们必须要找到一些适合自身能力的方法,才能避免走入无法平衡体能训练与技战术训练的误区。

然而,对于中国的业余篮球爱好者而言,因为独特的主客观环境影响,所容易走入的陷阱相对较多。我们必须根据国内篮球爱好者的特色,结合多种因素系统分析,才能总结出最适合业余篮球爱好者的训练方案,使他们在前进的道路上少走弯路。

三、体能与业余爱好者
——避免误区的侵袭

我们即将提到的几类误区全都与一类人群密切相关，那就是中国业余篮球爱好者。因为受到主客观环境、习惯、经历等种种因素影响，他们极易走入这些篮球体能训练的误区，导致自己的愿望不仅没有实现，反而制约原本的篮球水平，使他们产生对自己不自信，甚至抵触体能训练的逆反心理。

1. 养成吃「肉」的习惯

在中国人的饮食习惯中，对于米、面等主食类以及蔬菜类的需求度远远高于肉类。在每个中国家庭的餐桌上，你一定能看到这样糟糕的食物分量比例：碳水化合物：蛋白质：脂肪=7:1:2。如此一来不仅会导致你的体脂含量飙升，更会严重阻碍体能素质的发展。切记，合理的食物分量比例应当为：碳水化合物：蛋白质：脂肪=4:5:1，甚至3:6:1。

所以，如果你热爱篮球、热爱训练，那么请一定要养成吃“肉”的习惯，将蛋白质摄入量问题当做最重要的事情去对待。此外，在吃“肉”的问题上，并非我吃肉即可，对于肉的种类以及相应的烹调方式必须同样重视起来。如果你在肉中加入大量的酱料，或者使用油炸等糟糕的烹调方法，那么同样会使原本优质的肉类变得毫无利用价值，甚至有损身体健康。

最后，一定要记住一日多餐的饮食方式，它可以帮助你避免每顿热量摄入过多所带来的无法消化、脂肪堆积、小腹隆起等问题。采用一日5~6餐的分开饮食摄入方式，可以更好地规划热量摄入，使身体全天都保持极强的活力与战斗性。

2. 切勿盲目仿照职业球员

每个业余篮球爱好者都有自己所喜欢的球星，随着传媒的发达，大家能够看到很多球星的体能训练影片，由此便出现了一些盲目模仿、参照训练的现象。这种情况是十分危险的，因为每个人自身的体能水平与基础不同，将别人的训练方式，特别是能力远超常人的职业球星的方法简单地纳入到自己的训练计划中，极易出现训练难度过高、训练强度过大等不良反应。

此外，受限于影片的拍摄时间，你很难看到一名球星一次完整的训练课，更不用说整个周期的训练计划内容。你只能看到训练动作，知道他在练什么，而他为什么这么练，是不是还有别的辅助训练，这些都无从得知。只学习单纯的训练动作，不去追求更本质的训练原理，是很浅薄的体能训练方法。作为一名业余篮球爱好者，虽然不需要了解多深奥的训练原理，但也必须有一定的常识，切不可只模仿动作依样画葫芦。

3. 重视基础体能练习

一些基础的体能训练方法，如折返跑、游泳，或者简单的杠铃器械动作，都是十分必需的。很多业余篮球爱好者喜欢选择那些看似时髦先进的高级体能训练方法，如使用健身球、弹力带、振动台等复杂的训练工具。我们并不是说后者不好，只是相对那些基础的练习方式而言，它们对于业余篮球爱好者的体能状况要求过高。你能够变得更好，但前提是请一步一个脚印走。“不积跬步，无以至千里”，没有基础的训练经历就直接使用高难度的训练方法，只会让你的身体素质更加糟糕。

4. 不要迷恋重量感觉

在我接触的不少业余篮球爱好者中，有很多人将篮球体能训练笼统地变成了力量训练，越来越喜欢追求不断冲击大重量所带来的快感。虽然有“一力降十会”的说法，并且力量水平较高在业余篮球中是十分吃香的，但也绝对不能忽略速度、灵敏、耐力等的专项训练。切记不要将自己变成一个不会移动的堡垒，徒具力量，实际上却是任人攻击的靶子。而这些专项训练往往不需要多么大的重量负荷，有的甚至不用负重。

5. 对自己的身体负责

这个问题直接体现在你受伤后的所作所为上，大部分业余篮球爱好者都秉承“轻伤不下火线”的“光荣传统”，认为有点小伤就下场是对球队不负责任的表现，如脚踝扭伤，完全可以跺两脚之后便继续比赛。这种看似“大无畏”的精神实际上是最无知、最不负责任的体现。一些严重的毁灭性伤病往往都是由忽视一个个不起眼的小错误堆积而成，并且带伤比赛不会让你的队友感激你，甚至会在一定程度上使他们厌烦。因为你的体能状况受伤病影响急转直下，你的位置便成为对手攻击的主要火力点，队友必须付出比以往更多的体力来弥补你的空当，球队的整体攻防节奏都会受到严重影响。

要对自己的身体负责，不仅要在伤病发生后及时采取治疗措施，更应当在伤病产生前就采取相应的预防措施。如注意在每次训练或比赛前后进行充分的热身与按摩放松，便可以在一定程度上保护自己的身体免受伤病侵袭。然而，这些最基本的方法在很多国人看来却显得“装”，他们害怕自己在比赛前这样做会招来朋友异样的眼光。有这种观念的业余篮球爱好者不在少数，我们还是那句话，请对自己的身体负责，不要因为别人的眼光就损害自己的身体健康，这样反而会更让人嘲笑。

6. 个人英雄主义要不得

一些业余篮球爱好者希望自己能够像关云长一样"千里走单骑",于百万军中直取上将首级。在没有足够体能作支撑的时候,他们便时常这么梦想着,一旦通过专业训练有了这样的能力,他们更会直接将这个梦想付诸实践。篮球是团队运动,体能训练虽然能够提高我们个人的能力,但最终还是要将其用到对球队运转有价值的事情上。个人英雄主义不仅会害了整支球队,更辜负了你曾经的伙伴以及那些哑铃、杠铃、器械对于你的帮助和信任。

7. 让你的「内功」充分释放

在体能训练的过程中,特别是随着训练时间的积累、自身体能素质的不断改善,一个很严重的问题特别容易出现在业余爱好者身上,即身体虽然有蜕变,但篮球水平似乎没有明显改观,甚至有时候"忘记"该如何打球。好比武林高手虽然内功有显著提升,但是却忘了自己原有的招式,根本无法给敌人造成杀伤。

导致这个问题出现的原因有三点,其一便是我们之前着重提到的:体能训练与技战术训练无法很好兼容。业余爱好者容易走入训练模式僵硬的怪圈,使原本提升的体能素质无法推动技战术水平进步。如果你属于这类现象,只需按照我们在第二节所讲的内容对症下药,即可在一定程度上改善那种状况。

此外,导致"内功"无法充分释放的原因还有体能提高速度的过快化。没错,如果你的体能发展速度过快,同样会使你的招式无法适应。比如,以前你需要全力起跳才可以勉强完成的三分线投篮,现在不用起跳就可以轻松投到,甚至有时还会出现投过的现象。此时,尽管你会加入定量的技战术训练,但依旧无法改变力量增长过快所带来的投篮手感不适应问题。如果你属于这类现象,切不可简单断定是体能训练导致投篮能力变差,进而放弃已经提高的身体素质。你只需保持基础的体能训练,明显提高有针对性的篮球专项训练即可解决这个问题。

如果你不属于以上两类情况,那么唯一能解释的原因便是你的体能水平并没有得到真正的提高。请不要忽视这个问题,它同样存在于广大业余篮球爱好者身上。虽然你的训练水平有提高,如卧推增长了5kg、折返跑多跑了一个来回,但这些细微的"增长"还远没有强大到可以直接在篮球场上体现出来的地步。你需要做的是继续踏实练习,切不可因一点点成绩就骄傲,否则你永远无法变成真正的强者。

8. 饮料恶习早抛弃

中国的夏天气温往往较高，许多业余篮球爱好者在进行了一场比赛后身体大量脱水，往往喜欢在这时候补充一些果汁或碳酸饮料。这种习惯一定要及早抛弃，否则长此以往会使身体素质变得更加糟糕。这些不健康的饮料虽然在短期内会让你感觉饮用很过瘾，但它们的高热量以及几乎为“0”的营养价值，对于身体健康没什么正面帮助。如果你真的离不开饮料的口感，那么可以选择一些信得过的功能饮料。

9. 护具心里是魔障

有些健身爱好者喜欢像球星那样佩戴护具，如护腕、护肘、头戴或护腿等。这其中有些的确是为了保护身体，可另有一大部分人是为了装饰才选择佩戴。如果你不幸属于后者，那么这种“炫酷”的心理反而会给篮球竞技水平的施展带来负面影响。

这种现象不难理解，因为护具之所以可以保护身体，皆因它可以限制关节与肌肉的运动范围。如果你本身没有受伤，又选择佩戴这样“笨重无用”的护具，毫无疑问会让你步履蹒跚。有的人会说，我虽然没有伤病，但是选择护具可以起到预防作用。这里你要明白一个问题，即伤病产生的根源与身体状况有密切关系，跟是否佩戴护具无直接关联。你更应当选择的是通过体能训练强化自己的体格，而非依赖护具产生心理魔障。

10. 学会运用身体的窍门

很多人不会运用自己的身体，使得自己虽然坐拥一个聚宝盆，却不知道如何开采利用，在训练或比赛时都显得毫无头绪。因此，在进行体能训练与技术训练前，你需要先了解一些具体的身体运用窍门，它们可以帮助你在体能训练时将一些复杂问题简单化，便于理解掌握更先进的体能训练方法：

⊙胸部发力特点

胸大肌虽然是人体较大的肌肉群之一，但并不代表胸肌的力量在篮球运动中起着至关重要的作用。许多球员因为卧推的缘故，想当然地认为卧推力量等同于胸肌力量。事实上，卧推虽然是检验上半身力量的标准动作之一，但决定卧推力量高低的远不止胸肌一部分肌肉，肩部以及手臂同样是重要因素。球员如果过度迷恋胸肌，或者卧推的训练效果，容易使自身陷入发力僵硬的困境，毕竟篮球从来都不是躺着打的运动。

⊙肩关节、腕关节、肘关节发力一致性

在力量训练或篮球比赛中，切记保持肩关节、腕关节、肘关节三者发力在同一方向上，否则便会导致球员无法充分释放力量。比如在卧推练习中，大小臂夹角呈90°时，手腕与肘关节的发力方向一致，推起的重量相比其余姿势自然更大。

⊙肘部带动肩部移动

许多球员在肩部训练时，特别是侧平举或前平举训练时，无法找到合适的肌肉训练感觉。这里我们建议球员采用先使肘部移动，肘部带动肩部发力的方法，可以帮助你找到肩部肌肉的发力感觉。

⊙用肩膀、背部去投篮

前臂与腕部肌肉是决定你投篮准确度的关键，而肩部以及背部肌肉则是决定你投篮射程的重要因素。多进行有关肩部以及背部的练习，培养其独特的发力感觉，而不要再仅仅单纯地疯狂练习手臂。

⊙保持篮球高度

这个问题主要体现在内线球员身上。许多大个子球员喜欢在接球后将球放在腰间，然后再做动作。这样一来不仅容易出现失误，更因需要用肱二头肌的力量将球再次举起，会导致进攻时机的延误。

⊙挥臂的高度

这个问题体现在弹跳力的释放上。如果你的目标是最大弹跳高度，那么应当充分挥臂，确保一定的幅度。相反，如果你的目标是最快离开地面速度，那么挥臂幅度相对较小，手臂的起始位置往往在胸部附近，而非争取最大弹跳高度时那样位于腰部位置。

⊙手指发力

当你运球、投篮或传球时，使用手指发力而非全手掌发力可以带来更快的力量释放，以及更准确的技术使用。

⊙保持腰部伸直

无论是在训练还是比赛中都切忌弯腰，它会直接损伤你的腰椎并且使你的运动能力大打折扣。需要注意的是，有些球员在变向时因为动作缘故，会出现"弯腰"现象。此时的"弯腰"并非是真正意义上的弯腰，球员自身的腰部依旧伸直，只是背部出现了弯曲，这点是可以适当被允许的。

⊙腰部的发力特点

腰部肌肉的作用在于维持身体的站立，保护腰椎。这些功能几乎都是垂直发力的，许多球员认为一些复杂的拉杆、躲闪或转身动作是腰部主动发力所致。如果依赖腰部去进行旋转发力扭曲身体，那么对腰椎以及肌肉的健康都是十分有害的。

⊙腰部的方向

在防守时观察进攻方腰部的方向，是判断对手突破路线的一个好方法。因为其自身的构造特点，观察腰部相比观察膝关节、脚尖或肩部的方向，对于判断突破路线更有价值。

⊙学会臀部发力

每个出色的运动员都拥有一个发达的臀部，它是高水平运动能力的象征。部分不善于利于自身身体素质的球员，在进行跳跃或奔跑时便会忽略臀部的作用，只使用股四头肌等大腿肌肉发力。这样一来便会使运动水平迟迟没有改善，训练陷入瓶颈。

⊙膝关节与踝关节发力一致性

与上肢三关节的发力特点类似，在训练或比赛时，一定要保持膝关节与踝关节的发力一致性，否则便会给予膝关节较大的消耗。特别是那些喜欢突破变向的球员，更是需要注意对膝关节的保养。

⊙用脚尖去投篮

在实际比赛中，原地没有任何弹跳地投篮是十分罕见的现象，跳投是每个球员都必须要掌握的进攻技巧。在跳投时，为了确保一定的起跳高度与出手速度，使用脚尖跳要比全脚掌起跳更为适合。

⊙用脚尖去奔跑、变向

脚尖可以帮助你的投篮更有威胁，它同样可以帮助你在奔跑或变向时更加迅速。没有哪个百米冠军是利用全脚掌奔跑的，使用脚尖可以带给你更快速的变化，让对手防不胜防。

⊙学会防守背身单打

不少球员对于内线的对抗没有经验，在错位防守大个子球员的背身单打时往往显得捉襟见肘，容易出现不必要的失误或犯规。这其中与球员自身力量基础薄弱有关，也与不会利用身体有密切关系。不要妄想通过你的双手阻止对手，那样不仅无法带来足够的力量，更会引来裁判的吹罚。球员应当扎好马步，利用腿部传递的力量进行防守，相对效率会更高。

⊙学会创造进攻空间

球员应当学会利用自己的身体创造足够的进攻空间，比如利用腿部进行转身时，通过较大的运动幅度将防守者挤在身后，以便获得更好的机会。

⊙合理控制呼吸

在训练或比赛时，适当地抑制呼吸可以让你在极短的时间内释放最大力量。但注意不要频繁屏住呼吸，那样会让你的身体产生不适感。

⊙落地时的缓冲

无论是单脚起跳还是双脚起跳，球员一定要注意在落地时进行缓冲。不要只是依赖球鞋或场地对膝关节的保护，其程度是十分有限的。

⊙预蹲幅度

不同的预蹲幅度对于弹跳高度的影响不同。最理想的预蹲幅度应当为浅蹲，如果球员的预蹲幅度过大，如深蹲等，会使球员的动作速率严重变慢，进而影响最终的技术效果。

以上便是我们根据几年来对于中国业余篮球爱好者的习惯以及疑难问题分析所总结的常见误区，如果你不幸属于其中某一类，请千万不要气馁，有些过去的事情后悔也没有任何价值。你所能做的是从现在开始，端正训练态度，采用正确的训练方法改善自己的体能状况，提升篮球水平。从下一章开始，我们将为大家详细介绍有针对性的体能训练方法。

BASKETBALL BASKETBALL BASKETBALL BASKETBALL BASKETBALL

体能训练
——提高专项运动能力的法门

CHAPTER TWO

在开始有针对性的专项体能训练前，你需要先明白**十二条**与其密切相关的常识，它们对于打造扎实的**体能水平、提高篮球实力**有重要帮助。忽略它们，你的训练之旅可能会举步维艰；拥有它们，你才**具备披荆斩棘的致命武器**。

一、关于体能训练的十二件事

1. 耐力水平是基础

对于篮球运动员而言，最基础的运动能力不是弹跳力，也不是力量、速度或爆发力，而是看似最简单、最不起眼的耐力。力量耐力、速度耐力以及心肺耐力所构成的耐力水平是最基本的，如果你连坚持一场比赛的能力都没有，又何谈为球队做出贡献，争取胜利呢？

2. 饮食摄入需控制

你一定知道什么食物对自己的身体健康与运动能力是有害无益的，那么为何还对自己放松要求，一再摄入这些“罪恶”的东西呢？如果你无法控制自己的饮食，那么再刻苦地训练也只会事倍功半。

3. 弹跳训练应谨慎

弹跳力是几乎每个热爱篮球的人都十分痴迷的，然而他们对于弹跳力训练的态度往往比较极端。有的认为此乃天赋，后天训练实属徒劳；有的认为勤能补拙，人定胜天，只要疯狂加大训练量就会有所收益。这两种态度都万万要不得，忽视弹跳力训练是十分糟糕的，然而过度进行弹跳力训练更会导致球员的膝关节出现损伤。

4. 巩固力量保健康

一定的力量基础与肌肉体积是保护球员在比赛中健康的必备因素。有的球员认为在进入赛季期后不应当再进行大量的力量训练，以防止关节与肌肉积劳成疾。但这并不意味着力量训练就该被彻底放弃，力量不仅是你进攻时的利器，更是保护你身体健康的安全锁。

TWELVE THINGS

5.协调技术与力量

许多业余的篮球爱好者会出现无法权衡技术训练与力量训练的问题，导致出现完全依靠技术打球的"技术流"或完全依靠身体素质的"力量流"。这两种极端无论是哪一个对于提高篮球竞技水平而言都是有消极作用的。我们建议你应当根据自身的弱点进行补足训练，并在同时相应削减较强点的训练内容。不要让自己的篮球竞技水平有过于明显的缺点以及漏洞。

6.复合发力是窍门

篮球是一项需要身体多关节、多肌肉共同发力的运动项目，因此在相应的体能训练中，发力方式应当多为开放式的复合发力，而不是与健美运动类似的孤立发力。后者会让篮球运动员的身体发力出现"僵硬感"，进而影响自身的技战术水平。

7.多种工具是帮手

随着先进训练方法的不断出现，球员不应再过多执着于哑铃、杠铃或自身体重。一些更先进的训练工具，如弹力带、训练梯、健身球、铁链、阻力伞等，能够帮助我们更快地获得运动能力的提升。比如，在进行深蹲训练时，如果在杠铃两端系上弹力带，那么相比单纯使用杠铃的方式，会加强球员在制动发力时的训练效果，进而更加快速地提高弹跳力与基础力量。（1、2、3）

TWELVE THINGS

8. 护具选择需谨慎

尽量不要佩戴护具，除非你所使用的负荷较大，已经逼近自身所能承受的极限重量或身体正处于伤后恢复阶段。

9.拉伸恢复要牢记

如果你只是单纯的业余爱好者，那么请一定要注意劳逸结合，不要短时间内突然给自己增加训练量，那会使关节、肌肉以及肌腱产生明显的不良反应。此外，在每次训练或比赛前一定要进行拉伸，让身体充分预热起来。这是对自己身体健康负责任的表现。(4)

TWELVE THINGS

10. 互相帮助练配合

在一些特殊的体能训练中，如灵敏度的训练，如果与队友进行配合，那么不仅对提升灵敏度有帮助，更能够增进球队间的默契度。

11. 特殊能力要耐心

一些较为特殊的运动能力，如灵敏度、柔韧性、速度，其见效往往不是那么明显，必须要一定的时间积累。

12. 正确发力学技术

无论是篮球还是力量训练，二者对于球员的发力方式都有十分严格的要求。健身房与球场上所产生的伤病大都与错误的发力方式有着千丝万缕的联系。学会正确的发力方法，不仅可以让你避免持续受到伤病的折磨，更能够帮助你的竞技水平更上层楼。

二、维持低体脂水平

热爱篮球的你想必身材一定较为匀称，少有体脂超标的现象。然而部分体重较大，打法较为“硬派”的篮球爱好者却存在着体脂超标的隐患。你必须使自己的体脂水平保持在一个合适的状态（尽量不高于10%），才可以在篮球比赛中永葆战斗力。

1. 低体脂形成原因

⊙合理控制饮食

只有合理控制饮食才是正确的方法，所有节食、绝食等刻意采用极端饮食的方式都会对体能训练造成恶劣影响。即使你的体脂严重超标，也要注意减脂的方法与分寸。

⊙有氧训练

每天与杠铃打交道不会让你的体脂有明显改善，特别是对于那些体脂严重超标、基础较差的篮球爱好者而言。你应当学会与田径场、游泳池做朋友。

⊙攻克局部脂肪堆积

我们不要求你像健美运动员那样达到体态的完美化，但有些较容易堆积脂肪的部位也绝不容忽视，如胸部、腹部，都是你要特殊关照的。

**我们只关注有氧训练与攻克局部脂肪堆积，饮食问题请参见《体能增长与健身训练》一书。*

2. 篮球实战应用

体脂较高的负面影响：

⊙耐力较差

与肌肉过多所带来的耐力较差属于幸福的烦恼不同，体脂较多导致的耐力不足是十分糟糕的。

⊙克服多余体重做功过多

体内堆积的大量脂肪很难在篮球比赛中提供较多正面作用，它们自然就变成了负担。它们无法像肌肉那样成为你战斗的好伙伴，只会成为被人嫌弃的拖油瓶。

⊙多余体重对关节压力较大

脂肪没有办法像肌肉那样包裹关节，给予膝盖或腰部等部位一定的安全保护作用。

3.具体训练动作

根据低体脂形成的原因，我们能够找到相应的训练办法。即在合理控制饮食的基础上，加入大量的有氧训练以及一定量的无氧训练，攻克局部脂肪堆积。

有氧训练

定义：每次持续运动15分钟以上，调动全身四分之三肌肉参与且心率维持在150次/分钟的训练方式为有氧训练。

⊙游泳

进行持续15分钟以上无间歇的任意泳姿训练，提高心肺功能。

注意

*确保持续游泳，而非游一个来回休息一次。

篮球实战价值

*提高心肺功能、保护关节健康。消耗热量大，配合合理的饮食计划可以迅速降低体脂。

弊端

*得具备一定的游泳能力，且占用训练时间较长。

变通方法

*改为水中行走的方法，不仅可以使不会游泳的球员参加到训练中，水的阻力更有利于膝关节伤病的恢复以及奔跑能力的提升。

⊙长跑

进行持续15分钟以上无间歇的跑步训练，提高心肺功能。

注意

*不要选择硬底鞋。

*不要选择湿滑场地。

篮球实战价值

*提高心肺功能，与篮球所需的耐力释放方式几乎相同。消耗热量大，配合合理的饮食计划可以迅速降低体脂。

弊端

*空气质量堪忧，且对膝关节影响大。

变通方法

*可选择在跑步机上进行练习，但要更加注意安全，保护膝关节健康。

⊙自行车

进行持续15分钟以上无间歇的自行车训练，提高心肺功能。

注意

*尽量不要使用动感单车等固定不动的自行车。（5）

篮球实战价值

*提高心肺功能，提供篮球所需的腿部肌肉力量耐力。消耗热量大，配合合理的饮食计划可以迅速降低体脂。

弊端

*膝关节受到持续压力，训练强度相比一般有氧训练较高。

⊙椭圆机（6、7）

进行持续15分钟以上无间歇的椭圆机训练，提高心肺功能。

注意

*小心椭圆机惯性所带来的意外伤害。

篮球实战价值

*提高心肺功能，提供篮球所需的腿部肌肉力量耐力，且不会给予膝关节过大压力。消耗热量大，配合合理的饮食计划可以迅速降低体脂。

弊端

*训练时身体被器械固定，缺少有效位移。

6

7

⊙攻克局部脂肪堆积

定义：通过对于局部不常发力部位的刺激，缓解脂肪堆积现象。

锁定目标：对于篮球运动员，容易堆积脂肪的部位为胸部。

⊙绳索飞鸟

针对胸大肌孤立训练效果极佳。

推荐组数：4组

每组次数：20次

标准姿势（8、9）

站于大飞鸟机内，双手握住滑轮把手，利用胸肌力量将双手于体前交叉。停留一秒钟感受胸肌收缩。

注意

*确保训练过程中肘关节夹角不变。（肘关节夹角变化的训练动作更加针对三角肌与肱三头肌）

篮球实战价值

*缓解胸部局部脂肪堆积过多。

弊端

*篮球比赛中少有如此类型的发力现象，实用性较差。顶峰收缩的训练要求容易造成球员上肢发力孤立化。

8

9

***变通方法**

可以躺在平板（10、11）、上斜（12、13）或下斜（14、15）训练椅上，进行针对胸肌不同角度的飞鸟练习。

使用蝴蝶机进行练习（16、17），相比绳索训练更容易掌握。

*屈伸手臂进行夹胸练习。(18、19)

4. 迈克尔·乔丹——低体脂成就一代巨星

从过去到现在，甚至在未来相当长的一段时间里，“乔帮主”都应当是这个星球上最受人欢迎的篮球运动员。巅峰时期3%左右的体脂使得乔丹在球场上无所不能，标志性的“飞人式”扣篮自不必说，各种内线的“乾坤大挪移”、超级后仰跳投无不依靠其自身骇人听闻的身体素质，几乎以一己之力毁灭了与其同时代的所有巨星。

反观安东尼·沃克，巅峰时期与保罗·皮尔斯并称“凯尔特人双子星”，2006年总决赛场均贡献14分、5.5个篮板，更是为迈阿密热火队夺取队史第一座总冠军奖杯立下了汗马功劳。这位曾经人称“大鸟接班人”的前锋却朝不保夕，累累出现脂肪超标的问题，球迷更是亲切称之为“胖头陀”。自从2008年告别NBA后，安东尼·沃克辗转混迹于波多黎各联赛，于2012年正式宣布退役。

脂肪并非是完全罪恶的，一定的体脂率对于篮球运动员，特别是内线球员反而是好事。但是要坚决杜绝肥胖现象产生，它不仅对于运动员的竞技水平有消极作用，更会影响关节与韧带的健康。抵制肥胖，从抵制三大类食物做起：

***油炸食品**：如各种膨化食品、洋快餐、炸串等。

***高糖分食品**：如各种水果糖、巧克力、碳酸饮料等。

***高脂肪食品**：如肥肉、动物内脏等。

“我可以接受失败，但不能接受放弃。”——迈克尔·乔丹

三、提升“第一步”速度

你还在沉迷麦迪风驰电掣般的突破速度吗？你还在一次次模仿他那让人拍案叫绝的技术动作吗？不要只是徒具其表，提升"第一步"启动能力可以让你的突破神形兼备，成为真正的突破高手！

1. 影响「第一步」快慢的因素

⊙启动速度快慢

第一步，顾名思义就是指启动速度，爆发力不占优势只会降低启动速度，影响第一步的使用。

⊙步幅与柔韧性

爆发力并非影响启动速度的全部，步幅与柔韧性也十分关键。特别是在篮球比赛中，步幅的差别可以直接体现在进攻端的杀伤力上。

⊙人球结合能力高低

只是跑得快是没有用的，篮球最终要落脚到人球结合上。只有运球时的第一步最快，那么才具备真正的实际效用。

⊙身体运用窍门

第一步主要被篮球爱好者使用在进攻端，借助快速的启动能力摆脱对手直接攻击篮筐。这个过程除了本身的身体条件、球性以外，如何很好地利用自己的身体也是十分关键的。注意在启动过程中保护好球并且避免陷入对方的造犯规陷阱中。

2. 篮球实战应用

第一步较慢的负面影响：

⊙错失突破良机

直接体现在进攻端的杀伤力上，第一步较慢的篮球爱好者很难对篮筐造成快速的冲击效果。

⊙进攻成功率降低

在高水平的篮球比赛中，一旦失去了速度优势，在力量水平几乎无差别的环境下，你所能依赖的身体条件极度受限，会使你的比赛十分艰难。

⊙容易失误

你没有在第一步就甩开对手，这便给予对方充分的反应与防守时间，相应地受迫性失误便屡见不鲜。

第一步的快慢主要与篮球运动员自身的启动速度以及加速度能力有关，故安排一些指向性明确的奔跑练习，以及针对性较高的肌肉力量训练，可以帮助你在电光火石间更好地把握机会。

⊙10米短跑

对于提高球员静止状态下水平方向的发力能力，即启动速度有重要意义。

推荐组数：4~6组

每组次数：1次

注意

*选择合适的球鞋进行练习。

篮球实战价值

*10米的距离符合篮球比赛中“第一步”的实际应用距离，极短距离的冲刺可以更有效率地提高启动速度。

弊端

*避免采用短跑式的起跑方式，这与篮球比赛中“第一步”的实际应用状况相去甚远。

变通方法

*结合篮球进行有球训练。选择在篮球场而非田径场，使用篮球鞋而非跑鞋进行练习。可根据自身特点缩短距离，使用5米或7米的训练距离。

⊙10米加速跑

使用弹力带、铁链、阻力伞或轮胎等辅助工具，提高第一步的启动速度，以及第二步、第三步的加速度能力。

推荐组数：4~6组

每组次数：1次

注意

*选择合适的球鞋进行练习。

篮球实战价值

* "第一步"并非指的是一步的快慢，随后的"第二步""第三步"是否能尽快加速对于突破也是十分关键的。使用弹力带、铁链、阻力伞或轮胎等辅助工具可以很好地改善加速能力并且提供多种阻力释放方向。

弊端

*球员需具备一定的训练水平，否则不足以在几步内感受到辅助工具所带来的阻力变化。谨慎使用铁链与轮胎，会给腰部带来一定的不适反应。

变通方法

*使用弹力带时（20）需队友在后方进行牵引辅助，铁链与轮胎需要使用腰带。（21、22）

*选择在篮球场而非田径场，使用篮球鞋而非跑鞋进行练习。

*如果10米不足以感知阻力变化，可以适当延长训练距离。

20

21

22

⊙上坡跑

相比水平跑可以更快提高第一步启动时所必需的力量。

推荐组数:4~6组

每组次数:1次

注意

*不要选择超过45° 的坡道。

*不要使用下坡跑,会给膝盖带来毁灭性打击。

*谨慎使用弹力带、铁链、阻力伞或轮胎等辅助工具。

篮球实战价值

*上坡跑相比水平跑需要释放更多的力量以克服重力做功,第一步启动时所需要发力的肌肉此时受到更强烈的刺激。

弊端

*容易导致过度训练的产生。

变通方法

*通过不同坡度调节训练强度。

⊙站姿屈髋（23、24）

通过提高屈髋力量与髋关节柔韧性，提升奔跑速度与幅度。

推荐组数：3~4组

每组次数：12~15次

⊙标准姿势

手扶住训练椅背，将哑铃放在膝盖上方大腿肌肉处。使用屈髋肌群力量将哑铃快速向上举起，不做任何停留然后立即开始下次重复训练。随着平衡能力的加强，可以逐渐松开训练椅背。

注意

*切勿使用腰力。

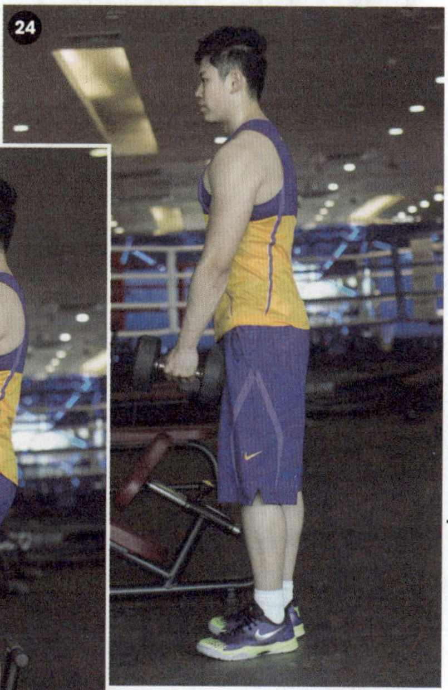

篮球实战价值

*因为球场大小的限制，所以没有必要进行长距离的速度练习。一般来讲，决胜的关键在于第一步的启动速度与之后的加速度快慢。而影响速度的关键在于屈髋力量以及幅度的大小，站姿屈髋可以很好地解决球员自身欠缺的力量与柔韧性水平问题。

弊端

*训练动作不够连贯，只是静止状态下的发力，缺乏连贯性的身体移动的训练方式。并且使用哑铃往往不足以带给训练者屈髋肌群的发力感受。

变通方法

*使用臀屈伸器械进行反向练习，肌肉感知能力得到提高。

*使用弹力带进行练习，对于肌肉力量提升效果更加明显。

*使用绳索滑轮进行练习(25)，安全系数更高。

*仰卧姿势下使用绳索滑轮或弹力带进行练习。(26)

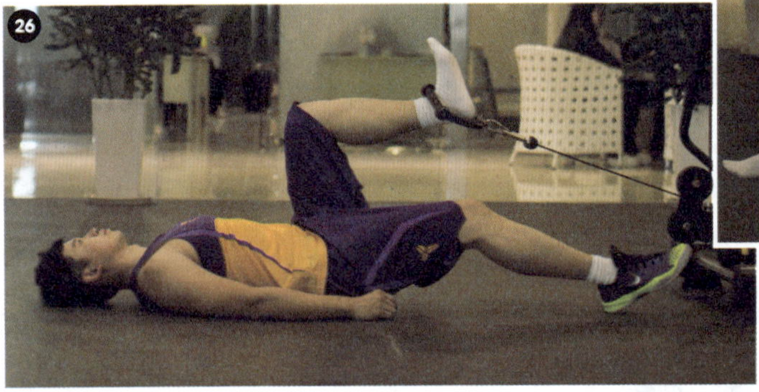

⊙弓箭步拉伸(27)

提升髋关节柔韧性，增加步幅。

推荐组数:2~3组

推荐时间:15~20秒

注意

*拉伸时需谨慎发力，避免损伤肌肉、韧带和关节。

篮球实战价值

*提升奔跑所必需的髋关节柔韧性，增加步幅。

弊端

*属静力拉伸动作，强度及负荷较小。过度拉伸会导致髋关节及其周围肌肉组织的损伤。

变通方法

*可使用双手按压膝盖的方法进行拉伸，但容易导致过度拉伸。

*可根据球员自身柔韧性决定向前迈步的距离大小。

*向前迈步越大，对臀部肌肉拉伸越明显，反之对股四头肌刺激越大。(28)

⊙连续踢腿拉伸

连贯性的动态拉伸法，提高步幅效果更加显著。

推荐组数：2~3组

推荐距离：20~30米

标准姿势

在行进中左右腿轮流向上踢腿，注意保持支撑腿的直立以及避免腰部弯曲。

注意

*避免拉伸时腰部弓起借力。

*避免拉伸时腿部弯曲。

篮球实战价值

*从动态拉伸角度提升奔跑所必需的髋关节柔韧性，增加步幅。

弊端

*相比静态拉伸危险系数更高，且标准训练姿势难度较大。

变通方法

*当行进中连续踢腿拉伸较为困难时，可改为原地踢腿的方法进行练习。

⊙有球启动跑

通过有球结合，提高突破时的启动速度。

推荐组数：4~6组

每组次数：1次

注意

*避免走步违规，否则训练无任何价值。

篮球实战价值

*单纯的起动跑或加速跑如果没有篮球的配合，那么是不足以提升实战水平的。结合球进行10米或更短距离的启动跑练习，提升"第一步"速度。

弊端

*由于有球的缘故，使用弹力带、铁链、阻力伞或轮胎会对运球造成阻碍，因此无法获得一定的训练负荷。有球启动跑专注的目标为提高人球结合时的速度，而非单纯的绝对奔跑速度。

变通方法

*设置障碍物进行变向练习，可以更好地模拟篮球实战。

*同时运双球进行练习，可以弥补人球结合时控球能力的不足。

⊙阻力突破（29）

通过使用搏击辅助训练工具，增加有身体接触时的第一步启动速度。

推荐组数：10组以上

每组次数：1次

标准姿势

队友双手手臂使用搏击辅助训练工具，在受训球员持球突破时，用力将其向外线推出。

注意

*避免阻力过大，需要给予受训球员一定的突破速度。

篮球实战价值

*阻力突破训练法对于提高篮球实战水平价值极高，可以更好地模拟有强烈身体接触时的突破情况。

弊端

*要求队友具备一定的反应速度，训练方式较专注力量的提高，而非速度的改善。

变通方法

*阻力突破时的阻力来源应为身体侧方向，也可让队友徒手抵住受训球员的肩膀两侧提供正面的阻力。（30）

BREAK THROUGH RESISTANCE

⊙单脚跑跳

通过持续的单脚跳练习，提高跟腱强度、小腿肌肉调配能力。

推荐组数：2~3组

推荐距离：30~100米

注意

*单脚跑跳应为连续起跳，而非跳一次，休息一次。

篮球实战价值

让你更加灵活自如地掌握身体运用，特别是小腿肌肉运用的技巧。通过对于压缩前脚掌着地时间的训练，提升"第一步"启动速度。

弊端

持续性的单脚跑跳练习容易对膝关节造成损害，并且易导致左右侧训练不均衡。

变通方法

*可采用箭步跳的方法（31、32），避免膝关节受到持续压力。不过该方法训练动作没有身体的位移，实用性相对较低。

*在篮球场而非田径场进行练习，双脚一次总训练距离不要超过一个球场。

32

31

⊙脚尖跳

通过对于压缩前脚掌着地时间的训练，提升"第一步"启动速度。

推荐组数：2~4组

每组次数：50~200次

***注意**

脚尖跳应为连续起跳，而非跳一次，休息一次。

避免锁死膝盖的弹跳方法。

***篮球实战价值**

除了对于"第一步"启动速度的提高外，脚尖跳还可以改善小腿肌群的耐力、弹跳力以及投射能力。

***弊端**

持续性的脚尖跳对于膝盖压力较大。

***变通方法**

采用屈膝的方法进行脚尖跳，更符合弹跳力释放时的状况。(33)

采用直膝的方法进行脚尖跳，见效速度更快，但风险系数更高。(34)

使用跳绳进行脚尖跳可以改善协调性。

使用哑铃而非在脚踝处绑沙袋进行负重练习，安全系数更高。(35)

⊙高抬腿跑

提高屈髋力量，进而提升"第一步"启动速度。

推荐组数：4组

每组距离：30~60米

注意

*充分热身，此动作极易导致关节、韧带、肌肉出现伤病。

篮球实战价值

*强化屈髋力量、髋关节柔韧性，提高"第一步"启动速度。

弊端

*给予膝盖一定的冲击力。

变通方法

*可以进行原地高抬腿跑练习，但这样对膝盖的冲击更加强烈。

⊙后踢腿跑（36、37、38）

提高摆腿能力，进而提升"第一步"启动速度。

推荐组数：4组

每组距离：30~60米

***注意**

避免过于用力的后踢腿。

***篮球实战价值**

对于膝关节更加健康。

***弊端**

发力方式较难掌握。

***变通方法**

可以进行原地后踢腿跑练习，但这样对膝盖的冲击更加强烈。

36

37

38

⊙基础奔跑技术练习

通过强化摆臂能力、提膝角度以及步幅提高"第一步"启动速度。

推荐组数:2~3组

每组次数(距离):10~100次(30~60米)

注意

*严格把握训练感受,切忌依靠身体惯性发力。

篮球实战价值

*优秀的摆臂能力可以帮助你挣脱对手的纠缠,合理的提膝角度是提高速度的关键,而较大的步幅则是提高"第一步"启动速度的核心。

弊端

*属于基础练习,体能水平较高的球员可不用过多关注。

变通方法

*双臂进行钟摆练习,可一手持重物,以便更好地模拟突破时的发力状况。

*双手扶墙,向斜上方提起一侧膝盖进行练习。(39)

*大步走练习,提高步幅。(40)

TRACY MCGRADY

3. 特雷西·麦克格雷迪——无解的第一步

所谓天下武功唯快不破，李寻欢的飞刀如此，麦迪的第一步更是如此。身高两米，却拥有许多后卫都难以媲美的瞬间启动能力。巅峰期的麦迪甚至"不需要"过多假动作的帮助，单凭突然间的启动加速后直杀篮下的进攻招式就足以震慑联盟。他虽没有最快的绝对速度，没有眼花缭乱到极致的控球技术，但他却能够在最短的时间内用最简单的方式给予敌人致命一击。对于一个杀手而言，这叫做本能，这便足够。

许多人说这就是上帝赋予麦迪的天赋。没错，我们不能忽略天赋的存在，但也要看到麦迪是怎样通过后天的反复打磨才练就一身本领的。为何其余那些比他拥有更快绝对速度的球员却无法拥有他的"无解第一步"呢？缘于只有天赋是远远不够的，一些细小不起眼的技术动作同样是决胜的关键！从麦迪身上，你能够学到：

**脚后跟悬空，脚尖启动发力突破，速度相比全脚掌启动更快。*

**接球后几乎不停留顺势突破，人球结合堪称完美。*

**降低重心，上半身与地面夹角较小，但腰部始终保持挺直。*

**突破步幅极大，有助于快速杀入敌阵。*

四、学会“扣篮”

尽管每个少年都有自己的“扣篮梦”，但受限于训练条件、先天身体基础等因素，让梦想照进现实是很困难的。在这一节我们将为你介绍如何利用科学有效的方法实现“扣篮梦”！

1. 提升弹跳力的法门

⊙强化肌肉力量

弹跳力最终要落脚到一个"力"字，肌肉力量，特别是"弹跳性力量"（如腿部、腰腹部、臀部力量）更是尤为关键。

⊙改善协调性

即使你的力量发展到巅峰，协调性不足也会影响你实现"扣篮梦"。重竞技运动员的绝对力量好于篮球运动员，但他们的扣篮能力或观赏性却相对较差。

⊙培养弹跳记忆

你必须养成身体对于弹跳力释放方法的记忆，这样当身体受伤病影响时，不会使弹跳力出现大幅度衰退。

⊙发展多种起跳方式

虽然你的目的是为了扣篮，但你一定也想让自己扣得漂亮、有花样。是单脚起跳还是双脚起跳，直接影响着你所能够使用的扣篮姿势。

⊙提高有球结合能力

虽然你的目的是为了扣篮，但篮球最终还要落脚到比赛中，仅在训练或表演时完成几个扣篮的意义并不大。此外，提高有球结合能力还可以帮你提高协调性，避免走入只发展力量素质的训练误区。

2. 篮球实战应用

弹跳力不足的负面影响：

⊙躲避封盖能力受限

如果你的纵跳能力不足，那么会在一定程度上增加封盖对你的负面影响。

⊙上篮/扣篮成功率受损

弹跳力不足自然无法完成扣篮，相应地上篮成功率也会降低。

⊙争抢篮板球能力不足

弹跳力不足会降低你争抢进攻或防守篮板球的能力。

⊙防守投篮能力较低

弹跳力不足不仅会影响你在进攻端的投篮能力，更会降低你在防守端对敌人投篮的干扰效果。

3. 具体训练动作

提高弹跳力的训练动作应当围绕提高基础力量、爆发力、弹跳技术设定。不同幅度的深蹲练习、不同方式的跳跃练习以及举重训练是我们的首选。

⊙浅蹲

能够在最短时间内以最高效率训练下肢肌肉的力量。

推荐组数：4~6组

每组次数：8~12次

标准姿势

将杠铃从深蹲架扛起并后退几步，身体站直后沉髋向下蹲，至大腿与地面平行前即可发力重新站起。全过程保持腰部伸直，重心平稳。避免膝盖过多超过脚尖，膝盖与脚尖发力方向一致。

注意

*避免上半身过度前倾。

*勿使用篮球鞋训练。

篮球实战价值

*通过不同预蹲幅度的浅蹲训练，可以获取弹跳力所必需的肌肉力量基础。

弊端

*大重量多次数的浅蹲会给膝盖带来受伤隐患。

变通方法

*四分之一浅蹲，预蹲幅度极小，强化连续起跳能力以及核心力量。(41)

*二分之一浅蹲，预蹲幅度适中，符合大多数篮球运动员的起跳习惯。(42)

*四分之三浅蹲，预蹲幅度较大，适用于下肢力量充足的篮球运动员的起跳习惯。(43)

*使用哑铃练习，可以弥补训练器械匮乏的缺憾。(44、45)

*使用弹力带练习，可以弥补训练器械匮乏的缺憾，相对哑铃效果更佳。(46)

*使用史密斯机练习，适合基础力量较薄弱的球员。方便其感知肌肉发力，培养正确的训练姿势。(47)

42

41

43

44

45

46

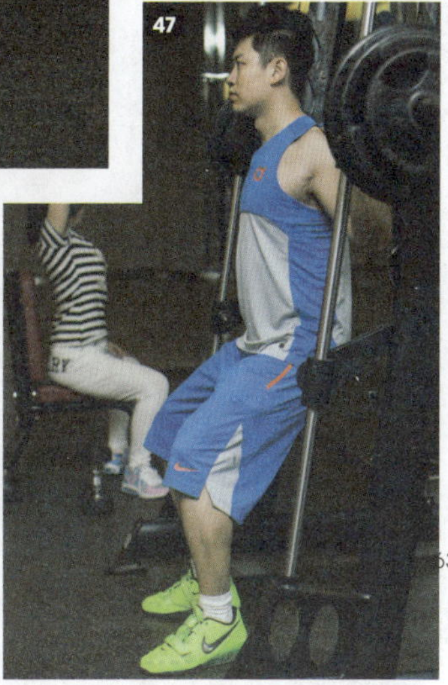
47

⊙前蹲

相比浅蹲等后蹲练习可以更加强化股四头肌力量。

推荐组数:4~6组

每组次数:8~12次

标准姿势(48)

将杠铃放置于颈前锁骨上,从深蹲架扛起并后退几步,身体站直后沉髋向下蹲,至大腿与地面平行前即可发力重新站起。全过程保持腰部伸直,重心平稳。注意避免膝盖过多超过脚尖,膝盖与脚尖发力方向一致。

注意

*避免上半身过度前倾。

*勿使用篮球鞋训练。

篮球实战价值

*通过不同预蹲幅度的前蹲训练,弥补股四头肌力量的不足,改善弹跳力所需要的力量水平。

弊端

*训练难度较高。

变通方法

*四分之一前蹲,预蹲幅度极小,强化连续起跳能力以及核心力量。(49)

*二分之一前蹲,预蹲幅度适中,符合大多数篮球运动员的起跳习惯。(50)

*四分之三前蹲,预蹲幅度较大,适用于下肢力量充足的篮球运动员的起跳习惯。(51)

*使用弹力带练习,可以弥补训练器械匮乏的缺憾,相对哑铃效果更佳。

*使用史密斯机练习,适合基础力量较薄弱的球员。方便其感知肌肉发力,培养正确的训练姿势。

48

49

50

51

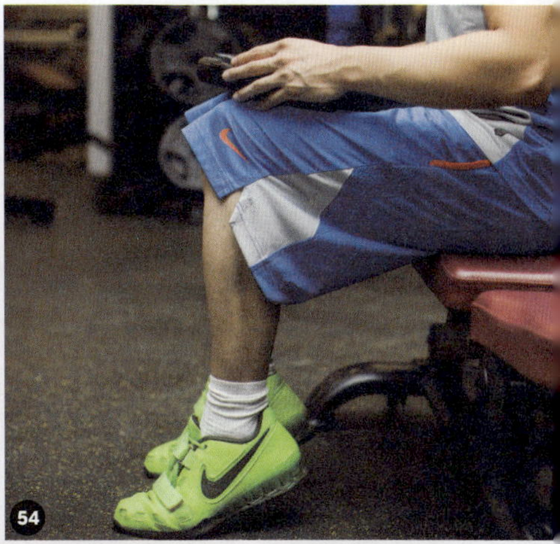

⊙提踵

强化跟腱强度，提升小腿肌群力量。

推荐组数：2~6组

每组次数：8~20次

标准姿势（52）

将杠铃从深蹲架扛起并后退几步，身体站直后将脚后跟抬起并尽可能抬高。

注意

*不要完全锁死膝盖。

*尽量避免与深蹲安排在同日练习。

篮球实战价值

*篮球运动中需要大量运用小腿肌群的力量，其耐力、绝对力量、爆发力都是十分重要的运动能力。提踵可以通过有针对性的训练计划提高上述三种身体素质。

弊端

*持续性的提踵练习会对膝关节造成影响。

变通方法

*站在台阶或踏板上练习，脚后跟悬空，小腿肌群受到的刺激更强。（53）

*使用史密斯机练习，适合基础力量较薄弱的球员。方便其感知肌肉发力，培养正确的训练姿势。

*使用坐姿练习，训练目标锁定在比目鱼肌。（54）

*手持哑铃练习，可间接提高握力。（55）

*使用弹力带练习，相对哑铃效果更佳。

*单脚练习，可以培养更好的肌肉发力感觉，弥补左右侧力量的不均衡。（56）

⊙蛙跳

强化下肢力量，提升水平方向的跳跃能力。

推荐组数：4~6组

每组距离：30~100米

注意

*跳跃方式为无间歇的连续起跳，而非跳一次，休息一次。

*膝关节反应较大的球员可以使用立定跳远。

篮球实战价值

*篮球运动中需要大量运用小腿肌群的力量，其耐力、绝对力量、爆发力都是十分重要的运动能力。蛙跳可以通过有针对性的训练计划提高上述三种身体素质。

弊端

*发力方向主要为水平发力，与弹跳所需要的垂直发力有一定出入。且连续的蛙跳容易给膝关节健康造成影响。

变通方法

*可采用立定跳远的方式进行练习，而非连续蛙跳。

⊙登台阶

强化下肢肌肉力量，有助于单脚起跳能力的提高。

推荐组数：4~6组

每组次数：8~12次

标准姿势

选择合适高度的训练椅，将一只脚踩上去，然后同侧腿部发力让身体完全站在训练椅上。（57、58）

57

58

注意

*勿选择平面柔软的训练椅。

篮球实战价值

*提供弹跳所需要的臀部肌肉、小腿肌肉以及大腿肌肉力量，并且可以强化单脚起跳能力。

弊端

*如果使用负荷，那么在走下训练椅时腰部与膝关节承受着一定的受伤风险。

变通方法

*当受训球员体能水平较高时，可选择背负杠铃的方法。

*当受训球员体能水平一般时，可选择手持哑铃的方法。（59）

*采用动态的台阶跳训练方式，能够更好地提高弹跳力。

⊙高抓

提升弹跳所需要的基础力量以及爆发力，并改善协调性。

推荐组数：4~6组

每组次数：1~10次

标准姿势（60、61、62）

双手正握且宽握杠铃，杠铃位于膝盖上方。略微向上提拉杠铃后，小腿、大腿与臀部协调发力将杠铃上送过头顶，并伴随身体下蹲。支撑杠铃后发力蹲起。

注意

*协调发力，切忌发力方式过于僵硬。

*拥有一定的身体柔韧性做基础。

*使用极轻重量先练习标准姿势。

篮球实战价值

*对于模仿持球起跳时的动作发力特点价值极高，相比传统的持球摸高或重球摸高可以提供更高的训练强度。除去对于爆发力的提高作用，对于改善下肢与核心部位基础力量也有一定贡献。

弊端

*训练难度以及对于训练器械质量要求极高。

变通方法

*使用哑铃进行练习，训练难度较低。

*使用壶铃进行练习，训练难度较低，对于腕关节更加安全。

60

61

62

⊙高翻

提升弹跳所需要的基础力量以及爆发力，并改善协调性。

推荐组数：4~6组

每组次数：1~10次

标准姿势（63、64、65）

双手正握，握距与肩同宽，杠铃位于膝盖上方。略微向上提拉杠铃后，小腿、大腿与臀部协调发力将杠铃上翻至锁骨，并伴随身体下蹲。支撑杠铃后发力蹲起。

注意

*协调发力，切忌发力方式过于僵硬。

*拥有一定的身体柔韧性做基础。

*使用极轻重量先练习标准姿势。

篮球实战价值

*对于模仿持球起跳时的动作发力特点价值极高，相比传统的持球摸高或重球摸高可以提供更高的训练强度。除去对于爆发力的提高作用，对于改善下肢与核心部位基础力量也有一定贡献。相比高抓训练难度较低。

弊端

*训练难度以及对于训练器械质量要求极高。

变通方法

*使用哑铃进行练习，训练难度较低。

*使用壶铃进行练习，训练难度较低，对于腕关节更加安全。

⊙上挺

提升弹跳所需要的基础力量以及爆发力，并改善协调性。

推荐组数：4~6组

每组次数：1~10次

标准姿势（66、67、68）

66

67

68

将杠铃置于颈前锁骨处，预蹲积蓄力量后全身协调发力将杠铃举过头顶。

注意

*协调发力，切忌发力方式过于僵硬。

*拥有一定的身体柔韧性做基础。

*使用极轻重量先练习标准姿势。

篮球实战价值

*对于模仿持球起跳时的动作发力特点价值极高，相比传统的持球摸高或重球摸高可以提供更高的训练强度。除去对于爆发力的提高作用，对于改善全身基础力量也有一定贡献。

弊端

*对于训练器械质量要求极高。

变通方法

*使用哑铃进行练习，训练难度较低。（69）

*使用壶铃进行练习，训练难度较低，对于腕关节更加安全。

69

⊙跳箱

提升弹跳所需要的爆发力，培养弹跳记忆。

推荐组数：10组以上

每组次数：1次

标准姿势（70、71、72）

从一个高处跳下后立即跳到另一个高度上。

注意

*应为无间歇的跳跃练习，切忌从箱子跳下有明显停留后再跳起。

*选择合适球鞋，增加对膝盖的缓冲。

篮球实战价值

*提升弹跳力效果显著，并且能够强化连续起跳时的反应速度。

弊端

*对于训练器械的种类要求极高，且对于膝关节健康有较大影响。

70

71

72

变通方法

*相比跳下后立即跳起的方式，可选择跳下后略微停顿，身体缓冲完后再发力跳起的方式。

*坐在训练椅上，从静止状态发力跳到另一个高度上。（73、74）

*站姿，直接跳上箱子。训练者可根据自己的能力调整不同的箱子高度。

73

74

*从一个高处跳下后立即跳向远处，提升跳远能力。（75、76）

*进行侧面跳箱练习。（77、78、79）

*从高处跳下后立即进行垂直极限跳。

*可进行单脚跳箱练习，提高单侧腿发力能力，但受伤风险极大。

⊙障碍跳

连续跨越障碍的弹跳训练方式可以培养弹跳记忆，改善身体协调性。

推荐组数：10组以上

每组次数：10次以上

注意

*选择合适的球鞋，增加对膝盖的缓冲。

*选择合适体积的障碍。

篮球实战价值

*强化连续起跳能力以及在空中对于身体的控制能力。

弊端

*对于训练器械的种类要求极高，且对于膝关节有持续压力。

变通方法

*可以通过调整不同障碍物间的距离，改善跳远能力。

*可进行单脚跳。

*可进行对角线方向的障碍跳。

⊙侧跳

左右轮流侧跳跳跃障碍的训练方式可以培养弹跳记忆，改善身体协调性。

推荐组数：10组以上

每组次数：10次以上

注意

*确保膝关节与脚尖发力方向一致。

*注意落地时的平衡。

*应为无间歇的跳跃方式，切忌跳一次，休息一次。

篮球实战价值

*提升球员在空中对于身体的控制能力。

弊端

*容易造成腰部损伤。

变通方法

*可选择单脚侧跳，但受伤风险较大。

⊙原地纵跳摸高

培养原地纵跳摸高时的弹跳记忆，学习多种弹跳力释放方式。

推荐组数：10组以上

每组次数：1次或多次

注意

*应为无间歇的跳跃方式，切忌跳一次，休息一次。

*如果训练目标为最大弹跳高度，或膝关节反应较大，那么可以使用间歇式跳跃方法。

篮球实战价值

*原地双脚的纵跳摸高训练可以提高球员在争抢篮板球、封盖、原地跳投时的能力。

弊端

*缺乏一定的训练负荷。

变通方法

*使用负重衣而非脚踝处捆绑沙袋进行负重练习。

*将弹力带绑在腰带上进行练习，效果更佳。

*使用篮球或重球进行练习，模仿篮球比赛时的发力状况。

⊙助跑双脚跳摸高

培养有助跑时的双脚起跳记忆，学习多种弹跳力释放方式。

推荐组数：10组以上

每组次数：1次

注意

*助跑距离无需过长。

篮球实战价值

*助跑双脚跳摸高训练可以提高球员在有助跑时的争抢篮板球、封盖以及扣篮能力。

弊端

*缺乏一定的训练负荷。

变通方法

*使用负重衣而非脚踝处捆绑沙袋进行负重练习。

*使用篮球或重球进行练习，模仿篮球比赛时的发力状况。

⊙助跑单脚跳摸高

培养有助跑时的单脚起跳记忆，学习多种弹跳力释放方式。

推荐组数：10组以上

每组次数：1次

注意

*助跑距离无需过长。

篮球实战价值

*助跑单脚跳摸高训练可以提高球员上篮和扣篮的能力。

弊端

*缺乏一定的训练负荷。

变通方法

*使用负重衣而非脚踝处捆绑沙袋进行负重练习。

*使用篮球或重球进行练习，模仿篮球比赛时的发力状况。

⊙哑铃跳

提升弹跳所需要的爆发力，培养弹跳记忆。

推荐组数：4~10组

推荐次数：1~6次

标准姿势（80）

双手持哑铃，预蹲后发力跳起。

注意

*应为无间歇的跳跃方式，切忌跳一次，休息一次。

*手持哑铃，切勿选择肩扛的方式。

篮球实战价值

*相比单纯的单脚或双脚跳摸高训练，哑铃跳可以提供更大的负荷，提升弹跳力效果更佳明显。

弊端

*对于改善摸高能力效果并不明显。

变通方法

*使用杠铃进行杠铃跳。

*调整不同预蹲幅度进行哑铃跳。

80

⊙触胸跳

提升弹跳所需要的爆发力，培养弹跳记忆。强化身体柔韧性与屈髋力量。

推荐组数：4~10组

推荐次数：10次

标准姿势（81）

双脚站距与髋部同宽，发力跳起的同时向上屈髋，让膝关节触及胸部。

注意

*避免腰部弓起。

篮球实战价值

*相比普通的跳跃类练习，触胸跳对于球员的柔韧性提高效果更明显。

弊端

*容易出现弯腰借力的错误发力方式。

变通方法

*手持哑铃进行练习。（82）

81

82

⊙箱式深蹲

提升弹跳所需要的基础力量。

推荐组数：4~10组

每组次数：1~10次

标准姿势（83、84）

双脚站距与髋部同宽，肩扛杠铃坐到训练椅上，停留一秒钟后发力站起。

注意

*避免坐到训练椅以后身体明显后移。

*避免双脚站距过宽。

*避免重心过度前倾。

篮球实战价值

*相比浅蹲与前蹲，箱式深蹲的静止发力特点可以更好地提高球员的爆发力。

弊端

*在训练椅上的一秒钟停留容易损伤球员的腰部。

变通方法

*将杠铃放在安全杠上，蹲下身子直接扛起杠铃蹲起，进行底部启动深蹲练习。（85）

*使用哑铃练习，训练难度极低，效果相对较差。（86）

*使用弹力带或铁链练习，训练效果极佳。

*可调整训练椅高度，以进行不同幅度的深蹲练习。

83

84

85

86

4. 文斯·卡特——天空才是极限

对于文斯·卡特而言，似乎真的只有天空才是他的极限。他的弹跳力究竟恐怖到什么地步？看看他的绰号或许能让你有一个抽象的概念：UFO、加拿大飞人、空军、半人半神。如果你想要一个更具体的概念，那么可以看看他在2000年的全明星扣篮大赛上所做出的那几个惊世骇俗的完美动作：手肘扣篮、逆转360°接大风车扣篮、篮板后转体180°接大风车扣篮。在堪称史上最强的一届扣篮大赛中，卡特凭借无可挑剔的表演力挫弗朗西斯、麦迪等一众好手，其史诗级的表演至今让人难以忘怀。他的弹跳高度不是最高的，动作难度系数也并非高不可攀，但他却是那个将力与美演绎至顶峰的史上最强扣将。

卡特的扣篮绝不只留存于全明星这种表演比赛，正式比赛中你依旧可以看到它的威力。扣篮能使人从此金盆洗手，退出江湖？卡特在2000年悉尼奥运会上给出了答案，他完成了对法国中锋弗雷德里克·维斯的世纪之扣，后者随后宣布退役。0.6秒能干什么？卡特在2008年11月22日新泽西篮网队与多伦多猛龙队的交锋中为你进行了一次演示，比赛进展至加时赛最后2.1秒，双方战成127平。卡特接队友妙传，反身扣篮完成绝杀，这一切仅仅用掉了0.6秒。

“太多的人把这个比赛（扣篮大赛）看得太重，他们忽略了我的全面能力。扣篮并不是我的唯一特点，我的责任是帮助球队不断进步。”

——文斯·卡特

BASKETBALL
CHAPTER TWO

五、成为内线“定海神针”

一支球队必须拥有一名能够在内线站住脚的球员，在进攻时他可以成为球队的策应点，在防守时他更是整支球队的定海神针。然而，内线的拼杀往往是十分“血腥”的，你必须拥有足够的绝对力量才可以承担起这一重任。

1. 内线「肉搏」的必备要素

⊙高水平腿部力量

篮球运动员的腿部好比一棵树的树根，力量越强站得越稳。大部分打内线的篮球爱好者只具备身高优势，属于高瘦型身材，一旦遇上力量远超于自身的"重型推土机"，身高优势便几乎荡然无存。

⊙一定的上肢力量

在内线的卡位、篮板球争夺中，会有大量的上肢肢体接触，此时你的上半身力量便起到举足轻重的作用。

⊙极强的平衡性

绝对力量越高并不一定代表平衡性越强，有些恐怖的"力量怪兽"身体平衡性较差，看似强大反而相对更好防守。

⊙适当的体重

内线球员需要一定的体重，但是体重过大反而会成为身体的"拖油瓶"，对篮球技战术的发挥起到一定制约作用。

2.「肉搏」能力欠缺的影响

⊙无法使用背身单打技术

如果你的力量不足，那么在进攻端采用背身单打技术时，只会出现无论你怎么努力都很难靠近篮筐的尴尬局面。

⊙无法防守背身单打

如果你的力量不足，那么在防守背身单打的对手时，会出现雪崩式的崩溃现象。

⊙争抢篮板球能力较差

篮板球能力的高低并不仅受身材与弹跳力的影响，更与自身力量大小密不可分。

⊙卡位能力较低

力量的大小直接影响着卡位能力的高低，而后者更是直接影响攻防效果。

3. 具体训练动作

选择针对胸部、背部、肩部、腿部、臀部、手臂以及小腿的力量训练动作，可以提高球员的基础力量水平。

⊙深蹲与全蹲

深蹲与全蹲可以最大限度强化腿部力量。

推荐组数:3~10组

每组次数:1~15次

标准姿势（87、88）

将杠铃从深蹲架扛起并后退几步，身体站直后沉髋向下蹲，至大小腿轻微接触或全部接触即可发力重新站起。全过程保持腰部伸直，重心平稳。避免膝盖过多超过脚尖，膝盖与脚尖发力方向一致。

87

88

89

90

91

注意

*避免上半身过度前倾。

*勿使用篮球鞋训练。

篮球实战价值

*最大化提高腿部力量，以便让你在内线的卡位、争抢、进攻以及防守中保持优势。

弊端

*篮球运动员身材高大，进行深蹲与全蹲训练容易出现上半身前倾的状况。另外也会对腰部健康带来一定负面影响。

变通方法

*下蹲至大腿与地面平行，即半蹲训练姿势，有助于避免因身材高大所出现的上半身前倾，腰部受损的状况。（89）

*使用哑铃练习，训练难度较低。

*在动作最低点时停止1~2秒钟，再发力蹲起。

*使用弹力带进行练习。（90、91）

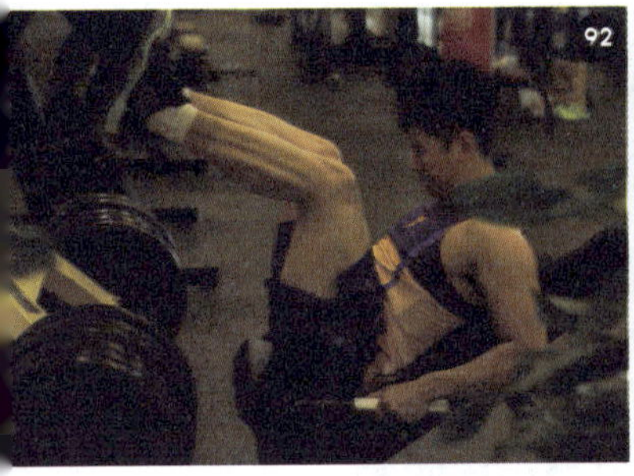

⊙腿举

腿举可以强化腿部力量，且受伤风险较低。

推荐组数：3~20组

每组次数：1~20次

标准姿势（92、93）

仰卧在训练椅上，双脚呈外八字踩住踏板，腿部发力向上举起负荷。

注意

*避免臀部离开座椅。

篮球实战价值

*相比深蹲与全蹲安全系数更高，不用考虑受训球员身材是否高大。能够提供球员在内线“肉搏”时所需的基础力量。

弊端

*所有腿举训练的姿势均为坐姿或仰卧，缺乏站立状态时的训练方式。

变通方法

*使用坐姿进行水平腿举训练，从不同发力轨迹强化腿部力量。

*使用弧线腿举机训练，从不同发力轨迹强化腿部力量。（94）

*使用单脚进行练习，强化肌肉发力能力并弥补左右侧力量不均衡。（95）

⊙杠铃硬拉

硬拉可以强化伸髋肌群、伸膝肌群、核心肌群以及握力水平。

推荐组数：3~10组

每组次数：1~12次

标准姿势（96）

双腿分开与肩同宽，双手正握住杠铃，发力将杠铃拉起至上半身完全正直。

注意

*保持腰部挺直。

*避免重心过度前倾。

*切忌腰部弓起、肩部耸肩发力。

*切忌杠铃离身体过远。

篮球实战价值

*杠铃硬拉可以强化胭绳肌肌群，后者在防守背身单打时起主要作用。熟练掌握硬拉姿势，有助于进行高翻、高抓等提高弹跳力的力量训练动作。此外，硬拉所带来的握力提高，有助于发展传球、投篮、控球时手掌对球的控制能力。

弊端

*杠铃硬拉会较大程度耗损腰部肌群，容易造成过度训练。

97

98

变通方法

*增大双脚间站距，并缩短双手握距，使用相扑式可以减缓腰部所受刺激。(97)

*使用弹力带进行练习，可以提高训练难度。(98)

*使用哑铃进行练习，可以降低训练难度。

*使用双手一正一反的握法，虽然可以暂时提高握力，但会影响肱二头肌健康。手掌长者可使用锁握方式进行训练。(99、100)

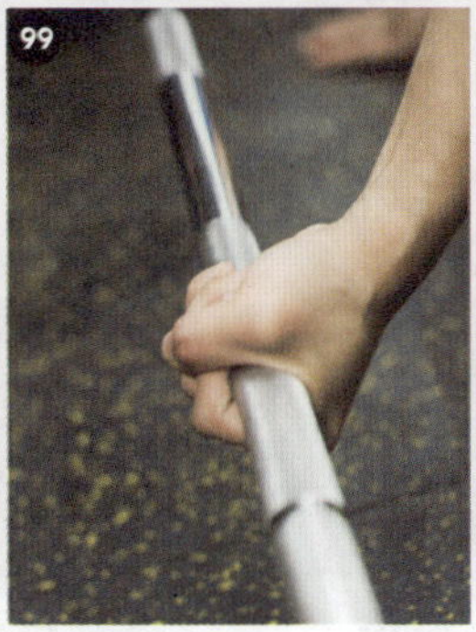

99

100

⊙卧推

提高上肢肌群力量水平。

推荐组数:3~6组

每组次数:1~15次

标准姿势（101、102、103）

躺在训练椅上，双手握住杠铃，握距与肩同宽。下降杠铃至触胸后发力推起。

101

102

103

注意

*不要经常锁死肘部关节，伸直手臂。

*确保肘关节、腕关节、肩关节发力方向一致。

*切忌过猛地下降杠铃。

*使用全握而非半握，后者容易损伤手腕。

篮球实战价值

*可以提高篮球比赛所需要的上肢力量，强化胸部肌肉，使其成为球员的"天然铠甲"。

弊端

*因为仰卧发力的情况不可能出现在篮球比赛中，所以实际应用状况为零。科学研究表明，卧推是所有力量训练中最容易导致受伤的动作，其会带给上肢关节毁灭性的打击，影响篮球比赛能力。

变通方法

*使用哑铃进行练习，可以更大程度强化胸部肌群。（104、105、106、107、108、109、110、111）

104

105

106

107

108

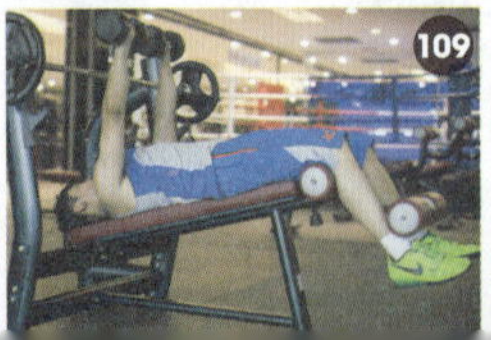
109

110

111

*使用弹力带进行练习，可以更快速提高卧推力量。

*将杠铃触胸后停止1~2秒，再发力推起可以更快速提高卧推力量。

*下降杠铃至大小臂夹角呈90°时即发力推起，可以更快速提高手臂与肩部力量。(112)

*使用不同倾斜角度的训练椅进行上斜或下斜卧推练习。(113、114、115、116)

⊙推举

提高上肢肌群力量水平。

推荐组数：3~6组

每组次数：1~15次

标准姿势（117、118）

坐在训练椅上，双手握住杠铃，握距与肩同宽。下降杠铃至下巴后发力推起。

注意

*不要经常锁死肘部关节，伸直手臂。

*确保肘关节、腕关节、肩关节发力方向一致。

*切忌过猛地下降杠铃。

*使用全握而非半握，后者容易损伤手腕。

*注意颈部与杠铃的位置关系。

篮球实战价值

*可以提高篮球比赛所需要的上肢力量，强化肩部肌肉。

弊端

*采用坐姿的训练方法会给予腰部一定的压力。

变通方法

*使用哑铃进行练习，可以更大程度强化肩部肌群。（119）

*使用弹力带进行练习，可以更快速提高推举力量。

*使用颈后推举方法，强化三角肌后束与背部上部的力量。（120）

*使用站姿训练方法，可以一定程度缓解腰部压力。

121

122

*使用对握姿势进行推举练习，可选择重量更大，但肘关节受伤风险较高。（121、122）

*使用器械进行推举练习，训练效果极佳。（123、124）

123

124

⊙引体向上

提高上肢肌群力量水平。

推荐组数：4～6组

每组次数：6～10次

标准姿势（125）

双手正握，握距比肩略宽，上肢肌群发力将下巴拉至与单杠同样的高度，头部略微后仰，目视天花板。

注意

*避免过大幅度地晃动身体借力。

*避免耸肩借力。

*避免腰部弯曲、蹬腿借力。

篮球实战价值

*可以提高篮球比赛所需要的上肢力量，强化手臂以及肩背部肌肉。

125

弊端

*训练难度较大。

变通方法

*调整握距进行不同姿势的引体向上练习。(126)

*采用反握姿势进行训练,对于肱二头肌刺激更明显。(127、128)

*采用对握姿势进行训练,训练难度最低。

*采用颈后引体向上训练,双手正握,对背部以及斜方肌刺激更明显,但相对危险系数较高。(129)

*使用引体向上器械练习,弥补力量不足的缺点。(130、131)

⊙背部下拉练习

提高上肢肌群力量水平。

推荐组数：3~4组

每组次数：8~12次

标准姿势（132、133）

双手正握于座椅上，握距与肩同宽，用力拉至上胸处。

注意

*避免利用身体惯性完成练习。

*避免腰部弯曲借力。

*避免耸肩、弯曲手腕借力。

*请勿采用反握姿势训练，易使肌肉以及关节损伤。（134）

132

133

135

134

篮球实战价值

*可以提高篮球比赛所需要的上肢力量，强化手臂以及肩背部肌肉。

弊端

*容易导致错误发力。

变通方法

*调整握距进行不同姿势的下拉练习。

*采用对握姿势进行训练，训练难度最低。（135）

*采用颈后下拉姿势进行练习，对背部以及斜方肌刺激更明显，但相对危险系数较高。（136）

136

⊙划船

提高上肢肌群力量水平。

推荐组数:3~4组

每组次数:8~12次

标准姿势(137、138)

双手正握杠铃,上半身倾斜与地面呈45°,屈膝并用力将杠铃沿大腿上拉至腹部。

137

138

注意

*切忌杠铃离身体过远。

*谨慎使用反握训练姿势,容易拉伤肱二头肌。

*保持腰部伸直,切忌腰部弓起借力。

*避免腿部屈伸借力。

篮球实战价值

*可以提高篮球比赛所需要的上肢力量,强化手臂以及肩背部肌肉。

弊端

*腰部受力较明显。

变通方法

*柔韧性较好的球员可以采用上半身与地面平行的姿势进行练习。(139)

*柔韧性较差的球员可以俯卧在训练椅上进行练习。(140)

139

140

*采用划船器械进行练习，训练难度较低。（141）

*使用哑铃进行双臂或单臂，站姿或跪姿练习。（142、143、144、145、146）

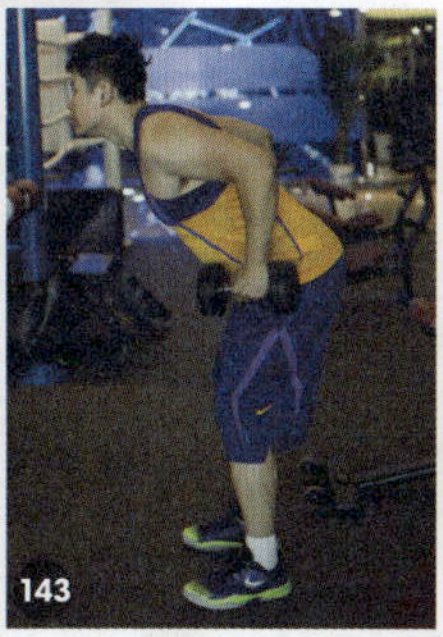

4. 沙奎尔·奥尼尔——力拔山兮气盖世

说到内线的统治力，在一百多年的篮球历史长河中，恐怕没有第二个人能比"大鲨鱼"奥尼尔更好地诠释这个名词。216cm的身高，150kg的体重，出色的速度、弹跳力与力量水平，使其自新秀赛季开始便在联盟的内线掀起了滔天巨浪。

奥尼尔在内线的威力有多恐怖？看看他在攻防两端所做出的那些"非人类"贡献吧！常规赛连续11年压低对手命中率位于全联盟第一，连续11年压低对手篮板球位于全联盟第一。如果这些数据还不够直观，那么再来看看两个具体的时间吧：1993年11月20日，在与新泽西篮网队的比赛中，奥尼尔狂砍28个篮板与15个盖帽，彻底统治内线。2000年6月9日，在与印第安纳步行者队的季后赛中，奥尼尔单场获得了39次罚球机会，其中在最后一节更是16次站上罚球线，其对于敌人内线的杀伤能力可见一斑。

"大鲨鱼"开启了一个属于自己的时代，他四夺NBA总冠军，三届总决赛MVP，他逼得对手不得不采用"砍鲨战术"。2011年6月2日，霸占联盟19年的奥尼尔宣布退役，"鲨鱼"虽已远去，但他的影响力却永远存在于每个球迷的心中。

"在拿到第一个总冠军之前，我大概失败了七八次，你知道这就叫成长的过程。"

——沙奎尔·奥尼尔

六、强化往返能力

虽然篮球没有足球那么大的比赛场地与那么长的竞技时间，但其所要求的耐力水平，特别是在攻防转换时的往返能力却丝毫不逊于足球。如果你只关注对于身体力量或爆发力等素质的提高，忽视最基础的耐力训练，那么你注定将被高水平、快节奏的竞技比赛所淘汰！

1. 三大耐力素质

⊙心肺耐力

心肺耐力是提高往返能力的基础，只有强大的心肺功能才可以使你不被高强度、快节奏的比赛淘汰。

⊙速度耐力

篮球比赛所需的往返能力主要体现在速度耐力上，特别是在攻防转换间时，速度耐力的价值更是体现得淋漓尽致。

⊙力量耐力

当比赛进入到最后一节时，特别是比赛胶着、几球定胜负的关键节点，优秀的力量耐力可以帮助你在攻防两端钳制对手，拼得比赛最后的胜利。

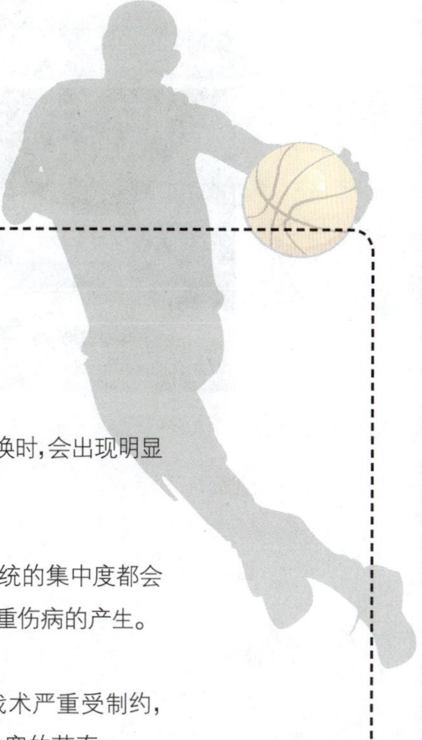

2. 往返能力较差的影响

⊙无法适应较强的攻防转换节奏

往返能力较差的运动员在面对快节奏的攻防转换时，会出现明显的岔气等不良生理反应。

⊙容易导致伤病的产生

当你的身体产生不良反应时，肌肉力量、神经系统的集中度都会大幅度下降，技术动作无任何质量保证，极易导致严重伤病的产生。

⊙攻防能力下降较快，影响球队整体战术

一个人能力的快速衰退会使本方球队的整体战术严重受制约，迫使主教练提前做出换人决定，从而影响球队整场比赛的节奏。

3. 具体训练动作

通过对于两种呼吸方式、折返跑以及耐力型的力量训练改善球员的三大耐力水平。

147

148

⊙胸式呼吸练习

通过对于胸式呼吸能力的锻炼，提高心肺耐力。

推荐组数：2~3组

每组次数：15~50次

标准姿势（147、148）

仰卧于地面，双手置于胸前，利用胸式呼吸的方法将胸腔鼓起。

注意

*负重练习时避免压迫胸腔。

篮球实战价值

*对于提高篮球所需的心肺耐力有一定帮助。

弊端

*需要持续进行多次呼吸方可达到训练效果，但容易使体能较差的球员出现呼吸困难或头晕现象。

变通方法

*采用坐姿或站姿进行练习。（149）

*胸前放置哑铃或杠铃片进行负重练习，增加训练难度。（150、151）

149

150

151

⊙腹式呼吸练习

通过对于腹式呼吸能力的锻炼，提高心肺耐力。

推荐组数：2~3组

每组次数：15~50次

标准姿势

仰卧于地面，双手置于腹部，利用腹式呼吸的方法将腹腔鼓起。

注意

*负重时避免压迫裆部。

篮球实战价值

*对于提高篮球所需的心肺耐力有一定帮助。

弊端

*需要持续进行多次呼吸方可达到训练效果，但容易使体能较差的球员出现呼吸困难或头晕现象。

变通方法

*采用坐姿或站姿进行练习。

*腹部放置哑铃或杠铃片进行负重练习，增加训练难度。（152、153）

152

153

⊙折返跑练习

通过对于折返跑的强化练习，提高速度耐力。

推荐组数：1~2组

每组次数：1次

注意

*避免折返时过猛扭转踝关节与髋关节。

*谨慎采用手触地的折返姿势，容易使膝关节或腰部受损。

篮球实战价值

*折返跑是与篮球比赛所需耐力训练里最相似的训练动作。

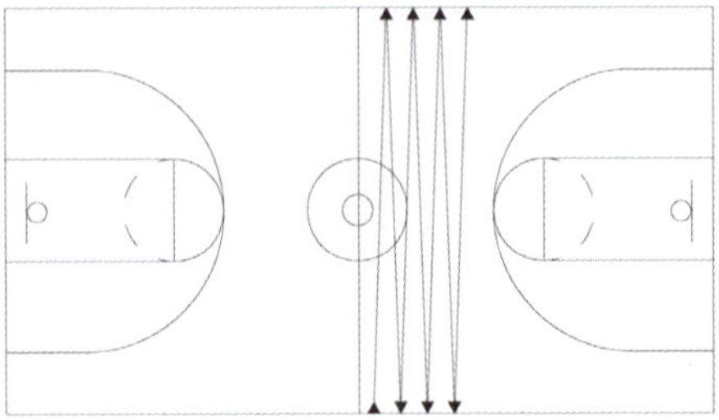
154

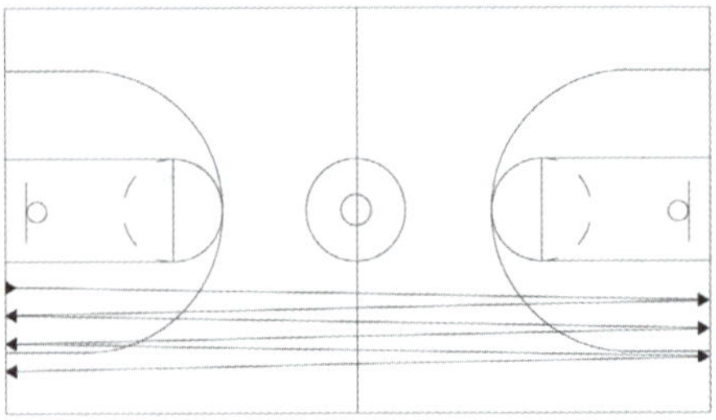
155

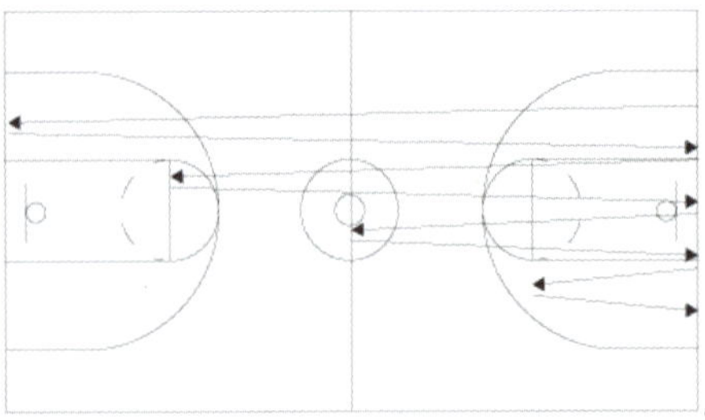
156

弊端

*对于球员自身体能水平有一定要求，业余爱好者可能受场地限制较明显。

变通方法

*17次折返跑：从球场的一侧边线跑到另一侧边线，再跑回起点。一个来回计算为两次，总共跑17次，可以加上运球练习，提高训练难度。当然也可以选择更高难度训练法，即在每次奔跑时进行上篮或扣篮。（154）

*6次折返跑：从球场的一侧底线跑到另一侧底线，再跑回起点。一个来回计算为两次，总共跑6次，可以加上运球练习，提高训练难度。当然也可以选择最高难度训练法，即在运球练习的基础上，分别完成6次上篮或扣篮进攻。（155）

*"自杀式"折返跑：从球场一侧的底线跑到相同半场的罚球线后折返，再跑到中线后折返，接着跑到对面半场的罚球线后折返，最后跑到另一侧的底线折返。可以加上运球练习，提高训练难度。当然也可以选择难度更高的训练法：每次返回底线以及到达对面底线时以上篮或扣篮结束，或者可以在训练过程中加上由底线到三分线的折返，增加折返跑距离。（156）

⊙X跑练习

通过对于折返跑的强化练习，提高速度耐力。

推荐组数：1~2组

每组次数：1次

注意

*避免折返时过猛扭转踝关节与髋关节。

*谨慎采用手触地的折返姿势，容易使膝关节或腰部受损。

篮球实战价值

*X跑练习可以帮助球员应付在篮球比赛中不同的耐力使用情况。

弊端

*对于球员自身体能水平有一定要求，业余爱好者可能受场地限制较明显。

变通方法

*由球场一侧的角跑向另一侧的对角，然后跑到另一侧半场的对角，接着斜向跑回出发时一侧对面边线的角，最后跑回起点。（157）

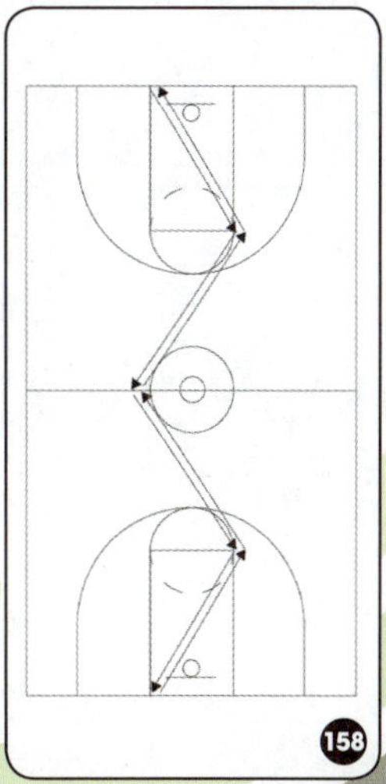

⊙Z跑练习

通过对于折返跑的强化练习，提高速度耐力。

推荐组数：1~2组

每组次数：1次

注意

*避免折返时过猛扭转踝关节与髋关节。

*谨慎采用手触地的折返姿势，容易使膝关节或腰部受损。

篮球实战价值

*Z跑练习可以帮助球员应付在篮球比赛中不同的耐力使用情况。

弊端

*对于球员自身体能水平有一定要求，业余爱好者可能受场地限制较明显。

变通方法

*站在底线与罚球线右侧的交点，跑向左对角的罚球线，然后跑向中圈弧右侧，接着跑向对面半场罚球线与罚球弧右侧的交点，最后跑向对面半场底线与罚球线的右侧交点。到达目的地后按原路跑回起点。可以加上运球绕障碍练习，提高训练难度。当然也可以选择最高难度训练法，即在运球绕障碍的基础上，每次都以上篮或扣篮结束练习。（158）

⊙全场传球跑练习

通过团队配合的方式，提高速度耐力。

推荐组数：4~6组

每组次数：1次

注意

*避免走步违例，否则训练无任何意义。

篮球实战价值

*全场传球跑练习不仅可以提升速度耐力，更能够提高团队传接球的能力。

弊端

*无法单独一个人进行练习，业余爱好者受限明显。

变通方法

*采用胸前传球的方法，两名球员从一侧底线开始，一边跑向另一侧底线，一边传球给对面的队友。切记随时观察队友的跑动，注意传球的提前量。

*采用单手击地传球的训练方法，可以提高球员的传球配合能力。

⊙爬楼梯

爬楼梯可以提高力量耐力。

推荐组数：3组

每组距离：200~300级阶梯

***注意**

*使用脚尖爬楼梯的方式，而非全脚掌。

***篮球实战价值**

爬楼梯相比跑步类练习可以更多地调动腿部肌肉，更大程度刺激腿部力量耐力。

***弊端**

爬楼梯只需向上爬楼即可，无需在下楼梯的时候再进行练习，以避免对膝关节的损伤。

***变通方法**

*可采用大运动场的观众席或居民区进行练习。

*可使用负重衣进行练习，训练难度较高。

*如有条件，可选择爬沙堆的方式，对于膝盖保护效果更好。

⊙中长跑

中长跑可以提高篮球比赛所需的基本心肺耐力。

推荐组数:1~10组

每组距离:200~3000米

***注意**

*选择合适的训练鞋与训练场地。

***篮球实战价值**

中长跑是赛季前最好的储备基础体能的训练方法之一。

***弊端**

对膝关节消耗较大。

***变通方法**

*采用不同距离进行练习,可选择200米、400米、800米、1500米或3000米。

4. 蒙塔·埃利斯——不知疲倦的"永动机"

MONTA ELLIS

NBA球员一年需要面对82场常规赛,这其中"背靠背"(连续两天都有比赛)比比皆是。此外,一些球员甚至还需要参加高强度的季后赛、国家队比赛,这对于球员的耐力水平有着十分严格的要求。

自2006年开始,金州勇士与菲尼克斯太阳队在全联盟掀起了一阵快打旋风,他们依靠极高的攻防转换速度,疯狂的跑轰式打法,让联盟的其余球队吃尽了苦头,疲于奔命。2009年11月24日,蒙塔·埃利斯为球队出战48分钟,砍下37分,力斩达拉斯小牛。第二天晚上,其又在与圣安东尼奥马刺队的比赛中出场44分钟,掠夺式地带走42分。同年12月,他又与波士顿凯尔特人队纠缠了整场比赛,在"三巨头"的逼抢下依然拿下37分。第二天他又赶到洛杉矶,同科比斗法45分钟。在勇士队的疯狂战术下,蒙塔·埃利斯竟然场均出场时间超过40分钟,其耐力水平之高无不为世人所惊叹。

七、改善核心力量

在篮球运动员所需的身体素质中，核心力量是极为特殊且极为重要的一类。核心力量不足不仅会导致球员力量水平较低，更会诱发一系列连锁不良反应，如速度较差、身体保护能力较低、球性较差等。

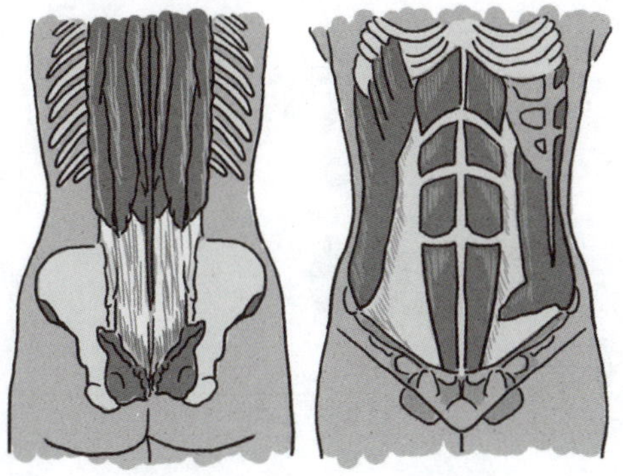

159

1. 确定核心区域

所谓核心区域，即肩关节以下、髋关节以上所有起维持身体平衡作用的肌群，包括腹部肌群、腰部肌群、附着在脊柱上的肌肉等。(159)

2. 核心力量不足的影响

⊙平衡能力较差

核心区域的主要作用就是维持身体平衡，故如果力量不足，相应地平衡能力自然较差。

⊙身体旋转能力不足

核心力量可以帮助你在使用转身、旋转等技术动作时速度更快，身体更加稳定，提高技术动作完成质量。

⊙上下肢力量传导、衔接不利

核心区域是链接上下肢力量的关键部位，该部位力量不足会使得上下肢的力量无法在运动中有机结合起来，出现发力方式较为僵硬，力量输出效果与自身力量水平极不相符的现象。

⊙髋关节、腰部易受损

核心肌肉群可以对髋关节与腰部起到一定保护作用，当核心力量不足时会使髋关节与腰部直接暴露在受伤风险下。

3. 具体训练动作

通过强化腰腹部等维持身体平衡的肌肉力量，增强球员的核心力量。

160

⊙GHR（160）

十分先进的核心力量训练法，可以同时刺激腘绳肌肌群、股四头肌肌群以及核心区域的发展。

推荐组数：3~6组

每组次数：5~12次

标准姿势

双手交叉置于胸前而非耳后，向前并向下倾斜身子，当上半身与地面平行时调动腘绳肌肌群与股四头肌肌群共同发力重新直起身体。

***注意**

训练全程中核心区域起稳定身体平衡，控制动作完成速度，传导力量的作用。

伸膝与伸髋力量同时发力，而非单纯依靠伸髋力量。

避免腰部弯曲借力。

负重训练时应将重物放在手肘间，尽量避免放在颈后。

161

162

***篮球实战价值**

腘绳肌肌群、股四头肌肌群与核心区域协调发力，与篮球实战表现极其相似。

***弊端**

国内较少有针对性的训练器械，并且对于训练者基础核心力量水平要求极高。

***变通方法**

使用背部下拉器械进行替代。（161、162）

使用杠铃或杠铃片配合进行徒手练习。

⊙支撑深蹲

对于平衡能力要求最高的训练法，可以让整个核心区域得到刺激。

推荐组数：3~10组

每组次数：1~10次

标准姿势（163）

双手握距比肩略宽，支撑杠铃过头顶并身体下蹲。

***注意**

深蹲幅度与球员自身特点相符，发力站起。

注意全程保持身体平衡，避免大小臂夹角出现变化。

***篮球实战价值**

最好的提高平衡能力的训练方法，甚至要高于单侧训练动作。可以增强在有身体接触时的平衡能力。此外，与GHR刺激目标多为核心区域下部不同，支撑深蹲同样可以改善核心区域上部，即上背部肌群。

***弊端**

训练动作难度极高，且对于身体平衡能力要求极高。

***变通方法**

采用坐姿或站姿进行练习。

使用壶铃而非选择杠铃，能够在一定程度上降低训练难度。（164）

163

164

165

166

⊙平板支撑

价值极高的静力训练动作，可以让整个核心区域，甚至腿部肌群得到静力刺激。

推荐组数：2~3组

每组时间：最长时间

标准姿势（165）

俯卧，双手间距离与肩同宽，保持上半身与地面平行进行静力练习。

***注意**

如果感到颈椎不适，可选择低头训练姿势。

最好在瑜伽垫上进行练习，以避免肘关节的酸痛感。

***篮球实战价值**

改善当执行防守任务，与进攻方球员身体接触时的平衡能力。

***弊端**

不容易增加训练负荷，选择杠铃片等方法容易让你的腰椎受损。

***变通方法**

可以让队友坐到自己的背后，或放置杠铃片。但务必要注意腰部的健康情况。

可以使用单臂姿势进行练习，训练难度更高，但容易让肘部出现不适感。

可以使用侧卧姿势进行练习，刺激腹斜肌肌群，但容易让肘部出现不适感。

可以使用仰卧训练姿势进行练习，对腰背部肌肉刺激更明显。（166）

⊙转体卷腹

提高身体的旋转能力，对维持低体脂水平有重要作用。

推荐组数：2~3组

每组次数：10~25次

标准姿势（167）

双手置于耳后，向一侧卷起上半身至肩胛骨离地即可。一侧完成一组练习后，再进行另一侧的训练。

167

***注意**

腹斜肌肌群发力，而非腰部弓起，使用“腰力”完成训练。

***篮球实战价值**

提升转身速度，可以完善具体的篮球实战能力。

***弊端**

训练姿势不标准容易导致腰部受损，且训练难度较高。

***变通方法**

可使用悬垂腿部姿势进行练习，增加训练难度。（168、169）

可使用双手向后伸直、向前伸直等不同方式来调整训练强度。（170、171）

可完全举起上半身，进行转体仰卧起坐训练，让屈髋肌群更多参与到训练中。（172、173）

使用杠铃片进行站姿练习，训练难度较低，上肢肌肉会受到一定程度锻炼。（174、175、176、177）

使用健身球进行仰卧练习，训练难度较高，上肢肌肉会受到一定程度锻炼。（178）

⊙仰卧卷腹

强化核心区域的基础训练动作。

推荐组数：2~3组

每组次数：10~25次

标准姿势（179、180）

双手置于耳后，卷起上半身至肩胛骨离地即可。

***注意**

不要固定住双脚，避免屈髋肌群更多地参与到训练中。

在训练过程中正常呼吸，而非采用屏住呼吸的方式，可以给予腹肌更强的刺激。

双手不要置于颈后，容易损伤颈部。

***篮球实战价值**

强化核心力量，维持腹部低体脂。

***弊端**

无法使用较大负荷，类似头后或胸前抱杠铃片的方式都会有潜在的受伤风险。

***变通方法**

可完全举起上半身，进行仰卧起坐训练，让屈髋肌群更多参与到训练中。（181）

可使用双手向后伸直、双手抱于胸前以及向前伸直等不同方式来调整训练强度。（182、183、184、185、186、187）

可使用滑轮器械提高训练负荷。

可使用杠铃片提高训练负荷，切忌将其放在颈后。(188)

188

可使用健身球进行卷腹练习，增加训练难度。(189、190)

189

190

可使用双腿悬垂的姿势进行练习，增加训练难度。(191)

191

可在卷腹的过程中同时收缩双腿，增加训练难度。(192、193、194)

可使用重球进行仰卧起坐+抛接球的练习，增加训练难度。

192

193

194

⊙悬垂举腿

强化核心区域的进阶训练动作，攻克难以得到锤炼的下腹部肌肉。

推荐组数：2~3组

每组次数：10~25次

195

196

197

标准姿势（195、196、197）

悬垂于单杠，双腿抬起至与地面平行后，发力向上举腿直至大腿与胸部相贴。

***注意**

避免腰部弓起借力。

直腿举腿时需保持腿部伸直。

屈腿举腿时需保持大小腿夹角不变。

***篮球实战价值**

相比仰卧的训练姿势，悬垂举腿更加接近于篮球实战中的发力特点。采用悬垂转体举腿等变化动作可以强化球员在空中对自身身体的控制能力。

***弊端**

训练难度较大，且悬垂单杠的训练姿势对握力有一定要求。可以使用拉带或悬垂训练带进行改善。

***变通方法**

可以进行单侧举腿以降低训练难度。（198）

198

199

可以向一侧进行侧举腿、旋转举腿以增加训练难度。(199)

可以弯曲双腿呈90° 以降低训练难度。(200、201)

200

201

可以双腿夹住哑铃或杠铃片以增加训练难度。

可使用仰卧举单腿或双腿的训练姿势，降低训练难度。(202、203)

可使用坐姿举腿的训练姿势，降低训练难度。

202

203

⊙两头起

强化核心区域的进阶训练动作，同时刺激整个腹部肌肉。

推荐组数：2~3组

每组次数：10~25次

标准姿势

仰卧，腹部发力同时举起上半身与腿部，使身体两端相互接触。

***注意**

避免腰部弓起借力。

尽可能保持腿部伸直。

***篮球实战价值**

可以在短时间内刺激整个腹部肌肉，训练效率极高。

***弊端**

训练难度极高。

***变通方法**

如果训练难度较高，可以使双腿略微弯曲。

⊙健腹轮

强化核心区域的进阶训练动作，同时刺激整个核心区域肌肉。

推荐组数：2~3组

每组次数：10~25次

标准姿势（204、205、206）

204

205

206

跪姿，使用健腹轮至上半身与地面平行的姿势。

***注意**

避免肘部、腕关节的晃动。

切忌腰部弓起借力。

使用毛巾时注意地面的光滑度。

***篮球实战价值**

可以在短时间内刺激整个核心区域肌肉，同时对上肢以及腿部肌肉也有一定锻炼效果。

***弊端**

训练难度极高。

***变通方法**

可使用站姿训练法，难度较高。(207)

可使用粗糙度合适的毛巾进行练习，难度较高。(208、209)

207

208

209

4. 科比·布莱恩特——曼巴出洞，灵蛇吐信

突破过人、上篮、扣篮、中远投、背身单打等进攻招数，没有一项是科比不擅长的。他是这个星球上进攻手段最丰富的球员，这些帮助科比创下了NBA单场第二高分——81分以及单场12个三分的最多三分球命中数纪录。

巅峰期科比的进攻是不可阻挡的，凭借自身极佳的核心力量，科比可以做出各种各样匪夷所思的高难度动作。超大幅度的后仰投篮以及在被犯规下依然命中远投的能力自不必多说，让我们来看看那些只有科比才能够做出的动作吧！

在与马刺的比赛中，科比从外线超过顶级防守者布鲁斯·鲍文后直杀篮下，此时马刺队三名球员同时扑向科比。只见“黑曼巴”单脚跳起后施展乾坤大挪移，干净利落地闪掉三名球员的防守后上篮得分。联盟数一数二的防守者贾森·基德也在科比身上尝到过苦头，在与小牛队一战中“科嫂”二人联手贡献了一次经典。科比反跑甩开基德的防守，加索尔同时喂出空中接力，基德万般无奈下只得通过犯规阻止“黑曼巴”。然而，科比居然在身体已经明显倾斜的情况下，依靠自己强大的核心力量保持住身体稳定，利用绝佳的手感完成不可思议的2+1(球进，且获得加罚机会)，这一幕看得小牛队球迷同样目瞪口呆。

“谁要想防得我崩溃，我就会在我崩溃前让他崩溃。”

——科比·布莱恩特

八、巩固敏捷与柔韧性

在众多身体素质的训练中，敏捷与柔韧性是极易使人走入误区的类型之一。虽然篮球爱好者深知其重要性，但是在训练时却始终不得法，耗费了大量的时间却见不到任何明显成效，有时更会严重损害身体健康。

1. 更加灵敏与柔软的窍门

⊙极快的神经反应速度

尽管敏捷性的高低主要体现在肢体的行动上，但神经系统的反应速度才是最关键的，它直接控制着肢体的行动。若想获得超人一等的灵敏能力，极快的神经反应速度必不可少。

⊙足够的关节与肌肉柔韧性

必须确保关节与肌肉有一定的柔韧性，否则你的灵敏性与柔韧度都会受到影响。不过，需注意避免出现过度柔韧现象，否则不仅对于篮球水平无任何积极帮助，还会使关节与肌肉暴露在受伤风险下。

⊙一定的平衡能力与协调能力

协调能力的高低直接影响着灵敏度对于篮球水平的促进作用，即使灵敏度较高，协调性差也无法使你的篮球能力真正更上层楼。此外，极强的平衡能力可以使你的柔韧性更好发挥，是助你闪转腾挪的好帮手。

2. 欠缺灵敏与柔软的影响

⊙技术动作施展缓慢

敏捷性与柔韧性较差会使你的技术动作看着十分僵硬，速率极慢，不仅无法给对手造成明显的杀伤效果，更会暴露自己较多的弱点。

⊙进攻或防守效率下降

敏捷性与柔韧性较差不仅会使你的进攻杀伤力大幅衰减，更会让你在面对灵敏性极强的对手时，显得异常笨拙，毫无招架反应之力。

⊙关节与肌肉容易受损

敏捷性与柔韧性较差会使你变得像球场上的‘活靶子”，成为对手攻击的目标。相应身体关节与肌肉自然更加容易受损。

3. 具体训练动作

通过针对全身主要关节与肌肉的拉伸，以及各种滑步、跳跃、奔跑训练，增加身体的柔韧性与协调性。

⊙指令或口号类练习

可以训练球员的反应能力与灵敏度。

推荐组数：3~6组

每组次数：8~12次

***注意**

避免腰部弓起借力。

***篮球实战价值**

提高球员在毫无准备状态下的反应能力，以便可以在攻防两端做出最灵敏的表现。

***弊端**

需要有队友辅助才能练习。

***变通方法**

受训者腰间系上弹力带，队友双手各握住一个网球。开始练习后，受训者进行原地快速碎步，队友任意松开一只手里的网球，受训者需以最快的速度作出判断，向前移动并抓住网球。

⊙反向训练

可以训练球员的协调性与灵敏度。

推荐组数：2~4组

每组距离：全场或半场

***注意**

勿在训练时回头，容易扭伤颈部。

球员需对训练路程长短，自身体能状况有十足把握。

***篮球实战价值**

能够帮助球员在攻防两端做出更好的表现。

***弊端**

训练技术性较高，背身训练存在一定风险。

***变通方法**

进行后退式的反向运球练习。

⊙背向跑练习

可以训练球员的协调性与灵敏度。

推荐组数:3~4组

每组次数:1次

***注意**

勿在训练时回头,容易扭伤颈部。

球员需对训练路程长短,自身体能状况有十足把握。

***篮球实战价值**

能够帮助球员在攻防两端做出更好的表现。

***弊端**

训练技术性较高,背身训练存在一定风险。

***变通方法**

背对球场,从一侧底线开始,直线倒退跑到同侧的罚球线后进行倒退Z跑练习,直到对面半场的罚球线后再进行直线倒退跑,终点为另一侧的底线。可以在球场上摆放障碍物,增加训练难度。(210)

*在三分线外放置五个标志物,球员从底线开始依次跑向每个标志物后再倒退跑回底线。可安排队友站在五个位置进行投篮,当球员跑到相应位置时,队友跳起投篮,受训球员需要作出封盖后再倒退跑回底线。(211)

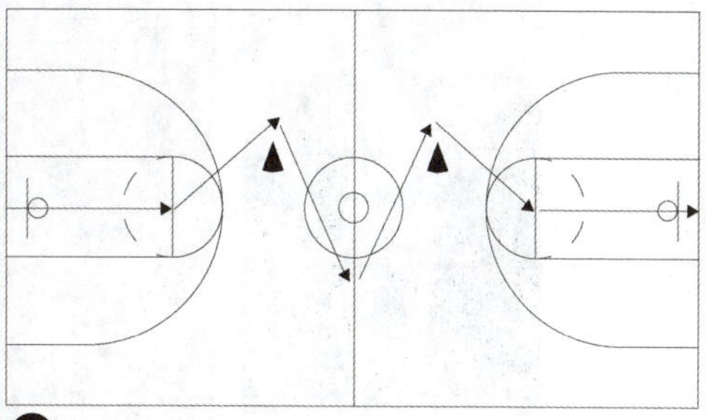

210

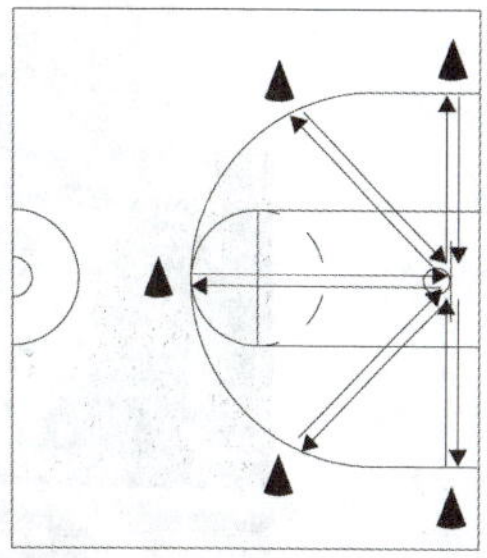

211

⊙跳跃练习

可以训练球员的灵敏度与弹跳力。

推荐组数:3~4组

每组次数:1次

***注意**

保持脚尖与膝盖发力方向一致。

避免腰部扭曲发力。

***篮球实战价值**

能够帮助球员在攻防两端做出更好的表现。

***弊端**

会持续消耗膝关节,给予膝盖一定压力。

***注意**

完成一次跳跃后不休息立即进行下一次跳跃。

213

214

***变通方法**

在球场上划出一个六边形范围，每边长约60厘米。球员站在六边形的中心位置，可按照顺时针或逆时针方向依次跳过六条边。注意球员需保持全程面向第一条边的姿势。

212

球员站立，双脚与肩同宽，向右前方进行约45° 的转髋跳，落地后身体与双脚朝向右前方45°。接着向左前方进行约45° 的转髋跳，落地后身体与双脚朝向正前方。再向左前方进行约45° 的转髋跳，落地后身体与双脚朝向左前方。最后向右前方进行约45° 的转髋跳，落地后身体与双脚朝向正前方。此转髋跳训练配合训练梯效果最佳。（212、213、214、215、216、217、218、219）

215

216

217

218

219

球员站立，双脚与肩同宽，向右侧跳起，落地后左脚在前，右脚在后。接着向左侧跳起，落地后左脚在后，右脚在前。此转髋跳训练配合训练梯效果最佳。（220、221、222、223）

220

221

222

223

⊙跨栏练习

可以训练球员的灵敏度与速度。

推荐组数：3–4组

每组距离：全场

注意

*选择合适的栏架高度。

篮球实战价值

*能够帮助球员在攻防两端做出更好地表现。

弊端

*训练难度较高，对球员体能水平要求较严格。

变通方法

*可进行斜向跨栏跑练习。

*可进行横向跨栏跑练习。

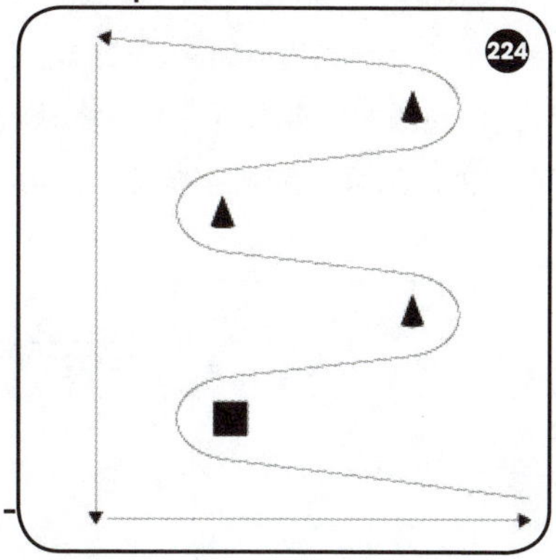

⊙直角跑练习

可以训练球员的灵敏度、平衡力与速度。

推荐组数：2–3组

每组次数：1次

注意

*避免转身跑时过猛地扭转踝关节与髋关节。

*选择合适的训练场地。

篮球实战价值

*能够帮助球员在攻防两端做出更好地表现，减少伤病的影响。

弊端

*训练难度较高，部分体能极差的球员容易出现缺氧问题。

变通方法

*划出一条L形的训练范围，在底边的两端摆放起点和一个标志物，在直角边放三个障碍物。球员由起点开始，沿底边跑动至与直角边夹角处，然后沿直角边跑动并快速绕过三个障碍物后再跑回与底边夹角处，利用碎步跑的方式绕标志物三圈后跑回起点。(224)

⊙蛇形跑练习

可以训练球员的灵敏度，平衡力与速度。

推荐组数：2–3组

每组次数：1次

注意

*避免转身跑时过猛地扭转踝关节与髋关节。

*选择合适的训练场地。

篮球实战价值

*能够帮助球员在攻防两端做出更好地表现，提升变向速度。

弊端

*对膝关节与踝关节消耗较明显。

变通方法

*在全场范围内摆设6-10个标志物，以蛇形跑的方法穿越所有标志物。可选择运球练习以便增加训练难度。（225）

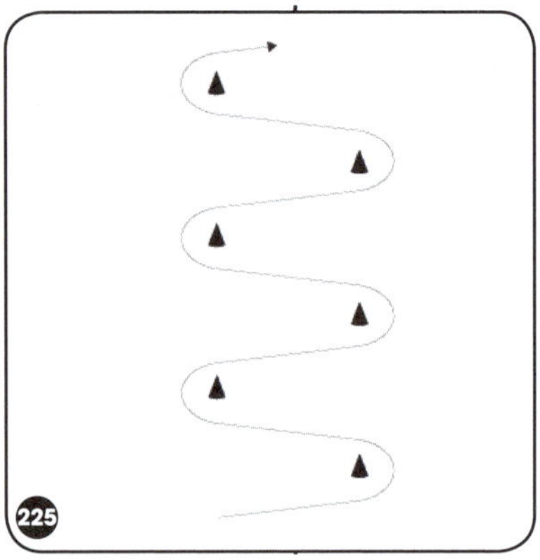

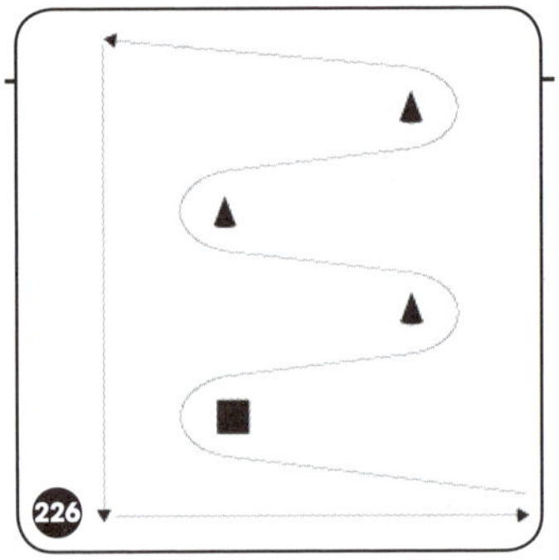

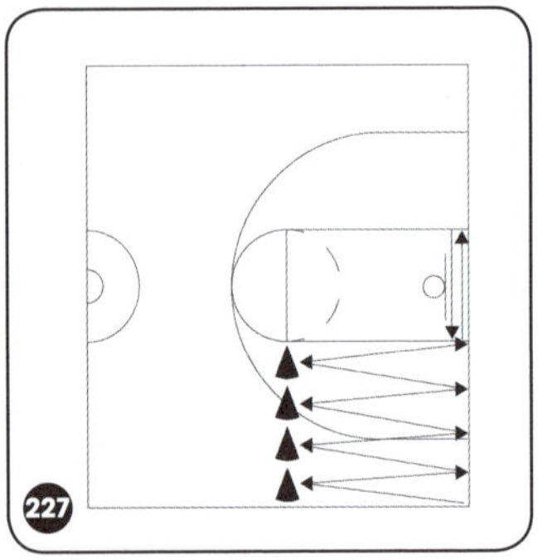

⊙滑步练习

可以训练球员的灵敏度，平衡力与柔韧性。

推荐组数：3-6组

每组次数：1次

注意

*选择合适的训练场地。

*滑步时注意膝关节、踝关节与腰部的健康。

*做出相应的手臂防守动作，效果更佳。

篮球实战价值

*能够帮助球员在攻防两端，特别是防守端做出更好地表现，提升横向移动速度。

弊端

*对膝关节、踝关节以及腰部消耗较明显。

变通方法

*沿底线或边线进行滑步练习，可选择脚踝或大腿绑弹力带的方式练习，训练效果更佳。

*沿罚球区四条边进行滑步练习。（226）

*沿距离底线大概罚球线长度的直线上放置几个标志物，球员由底线开始依次从左往右跑向标志物，接着倒退跑回底线。再最后一次跑回底线时，立即进行一次原地最大限度的跳跃。然后横向滑步，再重新滑回之前的起跳点，一次训练结束。（227）

*站在篮筐下，进行一次原地最大摸高后，向左侧罚球线滑步。然后再沿原路返回进行滑步，到篮筐下后再进行一次原地最大摸高。接着向右侧罚球线滑步，最后再沿原路返回进行滑步。

*球员从底线开始沿一侧三秒区跑至罚球线处，身体向一侧摆出防止对手突破的姿势进行两次滑步，然后倒退跑回底线。

⊙颈弯举拉伸

拉伸颈部屈肌肌群。

推荐组数：2组

每组次数/时间：12次/20秒

标准姿势（228）

双手置于头后，头向前弯举至下巴与身体接触。

***注意**

避免拉伸时发力过猛。

注意选择适当的拉伸幅度。

***篮球实战价值**

保护比赛中容易受伤的颈部。

***弊端**

容易造成斜方肌错误发力。

***变通方法**

可使用滑轮器械进行负重练习，训练难度较高且容易受伤。

⊙颈屈伸拉伸

拉伸颈部伸肌肌群。

推荐组数：2组

每组次数/时间：12次/20秒

标准姿势（229）

双手置于下巴处，头向后屈伸。

***注意**

避免拉伸时发力过猛。

注意选择适当的拉伸幅度。

***篮球实战价值**

保护比赛中容易受伤的颈部。

***弊端**

容易造成斜方肌错误发力。

***变通方法**

用拳头用力抵住下巴，训练难度较高且容易受伤。

230

231

⊙颈侧屈

拉伸胸锁乳突肌。

推荐组数:2组

每组次数/时间:12次/20秒

标准姿势（230、231）

右手扶住头部左侧,向右侧倾斜颈部。一侧训练完后改为另一侧进行练习。

***注意**

避免拉伸时发力过猛。

注意选择适当的拉伸幅度。

***篮球实战价值**

保护比赛中容易受伤的颈部。

***弊端**

容易造成斜方肌错误发力。

***变通方法**

手部用力扶住头部,训练难度较高且容易受伤。

232

⊙颈绕环（232）

拉伸颈部肌群。

推荐组数:2组

每组次数:1圈

标准姿势

头部按顺时针或逆时针方向进行绕环。

***注意**

避免拉伸时发力过猛。

注意选择适当的拉伸幅度

***篮球实战价值**

保护比赛中容易受伤的颈部。

***弊端**

容易造成斜方肌错误发力。

233

⊙双手背后拉伸

拉伸三角肌前束、肱三头肌与肱二头肌。

推荐组数：2组

每组时间：15~20秒

标准姿势（233）

双手绕到背后，左右手一上一下相互紧握。

***注意**

避免拉伸时发力过猛。

注意选择适当的拉伸幅度。

***篮球实战价值**

预热投篮与传球所需的三角肌与肱三头肌。

***弊端**

训练难度较高。

***变通方法**

双手在背后互握并向后上方抬起伸直。（234）

双手在背后，头上方位置屈臂并抓住另外一只手的肘关节，然后向一侧进行拉伸。一侧练习完后进行另一侧练习。（235、236）

234

235

236

⊙双手胸前拉伸

拉伸三角肌后束。

推荐组数：2组

每组时间：15~20秒

标准姿势（237、238）

左侧手伸直于胸前，右侧手臂弯曲，握拳抵住左侧肱三头肌进行拉伸。一侧练习完后进行另一侧练习。

237

238

***注意**

避免拉伸时发力过猛。

注意选择适当的拉伸幅度。

避免手臂过度挤压胸部。

***篮球实战价值**

预热投篮与传球所需的三角肌。

⊙双手祈祷拉伸

拉伸前臂与手腕屈肌。

推荐组数:2组

每组时间:15~20秒

标准姿势(239)

双手合十于胸前进行拉伸。

***注意**

避免拉伸时发力过猛。

注意选择适当的拉伸幅度。

***篮球实战价值**

预热投篮、传球与控球所需的前臂与手腕屈肌肌群。

***弊端**

不适宜腕关节有伤病的球员。

***变通方法**

进行反向祈祷拉伸,预热投篮、传球与控球所需的前臂与手腕伸肌肌群。(240)

239

240

⊙俯立拉伸

拉伸胸肌、背阔肌与三角肌前束。

推荐组数：2组

每组时间：15~20秒

标准姿势（241）

俯身站立，双手抓住一个固定物体进行拉伸。

***注意**

避免拉伸时发力过猛。

注意选择适当的拉伸幅度。

腿部微屈，而非完全伸直。

***篮球实战价值**

降低胸肌与背阔肌的受伤概率。

***弊端**

需要有一个足够高度的固定物体。

⊙悬垂拉伸

拉伸上半身所有肌群以及腰腹部肌群。

推荐组数：2组

每组时间：15~20秒

标准姿势（242）

双手握住单杠，双脚离地进行悬垂拉伸。

***注意**

避免拉伸时发力过猛。

注意选择适当的拉伸幅度。

低头，目视地面。

***篮球实战价值**

可以以最快速度完成篮球比赛所需的上半身拉伸练习。

***弊端**

需要有单杠辅助，对球员自身握力有一定要求。

***变通方法**

可采取同时双脚勾住单杠的婴儿拉伸姿势，相比较而言腰部所受拉伸较小，上肢受到拉伸较大。（243）

如果握力不够，可以使用拉带弥补能力缺憾。（244）

⊙体侧屈拉伸

拉伸腹斜肌肌群以及背阔肌。

推荐组数：2组

每组时间：15~20秒

标准姿势（245、246）

采用体侧屈的姿势进行拉伸。

***注意**

避免拉伸时发力过猛。

注意选择适当的拉伸幅度。

避免腿部弯曲借力。

***篮球实战价值**

预热起旋转身体作用的腹斜肌肌群。

⊙平躺拉伸

拉伸腹部肌群。

推荐组数：2组

每组时间：15~20秒

标准姿势

平躺在瑜伽垫上进行拉伸。

***注意**

避免拉伸时发力过猛。

注意选择适当的拉伸幅度。

***篮球实战价值**

预热起平衡身体作用的腹部肌群，训练极其简单。

⊙拜月式拉伸

拉伸腰部肌群。

推荐组数：2组

每组时间：15~20秒

标准姿势（247、248）

跪姿，双手向前伸，臀部后移进行拉伸。

***注意**

避免拉伸时发力过猛。

注意选择适当的拉伸幅度。

避免腰部弓起发力。

不要抬起头部。

***篮球实战价值**

预热篮球比赛中重要性极高的腰部肌群。

247

248

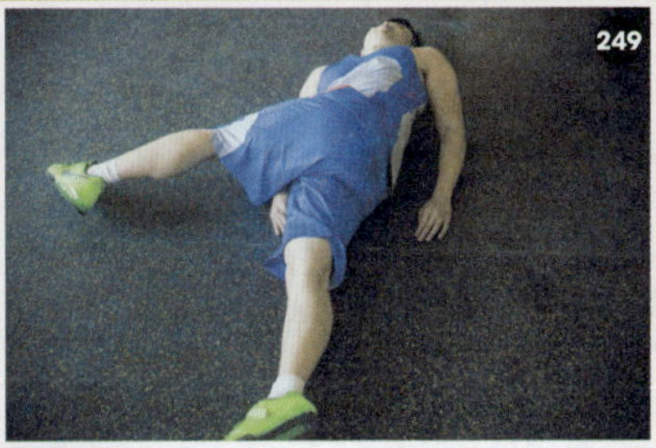
249

250

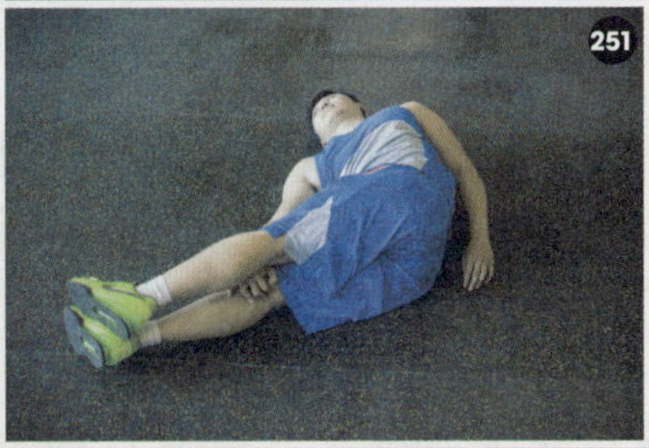
251

⊙仰卧直角式拉伸

拉伸腰部肌群以及臀部肌群。

推荐组数：2组

每组时间：15~20秒

标准姿势（249）

平躺在瑜伽垫上，左腿向右侧抬至与右腿呈90°位置后进行拉伸。一侧练习完后再进行另一侧练习。

***注意**

避免拉伸时发力过猛。

注意选择适当的拉伸幅度。

尽可能保持腿部伸直。

***篮球实战价值**

预热篮球比赛中重要性极高的腰部肌群与臀部肌群。

***弊端**

训练难度较高。

***变通方法**

如果难度较高，可使左腿弯曲进行练习。（250）

可同时向右侧抬起双腿进行练习。（251）

⊙仰卧盘腿拉伸

拉伸臀部肌群以及内收肌肌群。

推荐组数:2组

每组时间:15~20秒

标准姿势(252)

平躺在瑜伽垫上,左腿弯曲呈90°并且悬空,右腿同样弯曲呈90°,脚踝抵在左腿大腿处进行拉伸。一侧练习完后再进行另一侧练习。

***注意**

避免拉伸时发力过猛。

注意选择适当的拉伸幅度。

***篮球实战价值**

预热篮球比赛中重要性极高的髋部周围肌肉。

***变通方法**

采用坐姿,伸直一条腿,另一条腿弯曲且脚踝抵住大腿外侧进行拉伸。(253)

252

253

⊙侧弓步拉伸

拉伸内收肌肌群以及腓肠肌。

推荐组数:2组

每组时间:15~20秒

标准姿势(254)

双脚脚掌紧贴,脚后跟靠近裆部,上半身慢慢向双脚运动。

***注意**

避免拉伸时发力过猛。

注意选择适当的拉伸幅度。

避免腰部弓起借力。

***篮球实战价值**

预热篮球比赛中重要性极高的内收肌肌群。

254

内收肌拉伸

拉伸内收肌肌群。

推荐组数:2组

每组时间:15–20秒

标准姿势(255)

双脚脚掌紧贴,脚后跟靠近裆部,上半身慢慢向双脚运动。

***注意**

避免拉伸时发力过猛。

注意选择适当的拉伸幅度。

避免腰部弓起借力。

***篮球实战价值**

预热篮球比赛中重要性极高的内收肌肌群。

***弊端**

训练难度较高,腰部容易错误发力。

255

***变通方法**

坐姿，双腿向两侧伸直且分开，上半身慢慢向地面运动。(256)

256

⊙腘绳肌拉伸

拉伸腘绳肌肌群。

推荐组数：2组

每组时间：15~20秒

标准姿势（257）

坐姿，双腿伸直，上半身向腿部运动。

257

***注意**

避免拉伸时发力过猛。

注意选择适当的拉伸幅度。

避免腰部弓起借力。

尽量保持腿部伸直。

***篮球实战价值**

预热篮球比赛中重要性极高的腘绳肌肌群。

***弊端**

训练难度较高，腰部容易错误发力。

***变通方法**

仰卧，抬起一条腿并伸直进行练习。配合训练带效果最佳。(258)

坐姿，进行一条腿伸直的拉伸练习。(259、260)

站姿，双腿伸直，双手尽力触地。

258

259

260

261

⊙股四头肌拉伸

拉伸股四头肌肌群。

推荐组数：2组

每组时间：15~20秒

标准姿势（261）

站姿，手抓住向后抬起的一条腿进行拉伸。

***注意**

避免拉伸时发力过猛。

注意选择适当的拉伸幅度。

避免将大腿前后移动。

***篮球实战价值**

预热篮球比赛中重要性极高的股四头肌肌群。

***变通方法**

跪姿，身体向后仰进行练习。(262)

采用弓箭步，拉伸骨盆与股四头肌。(263)

⊙小腿拉伸

拉伸腓肠肌与比目鱼肌。

推荐组数：2组

每组时间：15~20秒

标准姿势（264）

坐姿，一条腿屈膝，双手握住脚尖并用力向小腿方向拉伸。

***注意**

避免拉伸时发力过猛。

注意选择适当的拉伸幅度。

***篮球实战价值**

预热篮球比赛中重要性极高的腓肠肌与比目鱼肌。

***变通方法**

坐姿，使用训练带进行拉伸练习。

站姿，扶住墙面，向后撤一只脚并脚尖点地，拉伸比目鱼肌。(265)

4. 阿伦·艾弗森——变的是世界，不变的是「答案」

一米八出头的身高在NBA能干什么？不看篮球的人可能会认为这种身高根本无法在长人林立的篮球世界中生存。直到艾弗森的出现，关于这个问题才有了不一样的“答案”。

相比那些胳膊比自己大腿还要粗的大块头，艾弗森的身体对抗能力显然是不占优势的。不过，凭借着自身超强的灵敏度与柔韧性，他每晚都在针对不同“问题”给出自己的“答案”。在2005~2006赛季，艾弗森场均出战43分钟，拿下职业生涯最高的场均33分、3.2个篮板、7.4次助攻以及1.9个抢断。在那个赛季，艾弗森的进攻火力仅次于最恐怖时期的科比，而已经崭露头角的詹姆斯、巅峰时期的韦德，以及“0号特工”阿里纳斯，统统排在“答案”之后。

超强的灵敏度与柔韧性在攻防两端赋予艾弗森两大绝招：飘忽如鬼魅般的过人技巧以及快准狠的抢断能力。看看那些被“答案”的灵敏所晃倒的球星吧：马布里、阿里纳斯、理查德森、费舍尔、科比，以及艾弗森的成名之作——让“乔帮主”同样拜服！2002年12月20日，艾弗森在两万名费城球迷面前贡献全场最高的9次抢断，以一己之力通过加时赛力挫当时近乎无敌于天下的“OK”组合。面对科比与奥尼尔联手贡献的70分，“答案”以身作则，攻防两端带领球队奋勇杀敌，竟然全场迫使不可一世的洛杉矶湖人队出现20次失误。

“答案”虽然已经年华老去，但他留给篮球的答案却永远存在于这个世界上：只要你肯努力，小个子同样能够称霸球场！

“我不是上帝，但我拥有比上帝更坚强的意志！”

——阿伦·艾弗森

九、精准传控与投射能力

篮球中最常见的攻击手段不是上篮，更不是扣篮，而是最基本的投篮。无论是中距离、远距离的投射，还是近距离的钩射、行进中的抛射，都需要拥有强大的投射能力。此外，作为一名合格的篮球爱好者，无论你的位置与打法如何不同，一定的传球与控球能力都是必须具备的，否则你的篮球水平永远无法得到真正意义上的改善。

1. 成为神射手与掌舵手的必备素质

⊙一定的投掷力量

没有足够的投掷力量是不足以确保你完成准确的长距离传球与远距离投射的。

⊙掌控前臂与手腕力量

注意，这里我们所说的是掌控前臂与手腕力量，即你必须确保自己能够精确控制前臂与手腕所释放的力量，无论是力量的大小还是力量的释放轨迹。否则，即使你的射程再远，也并非真正意义上的有效射程。因为虽然力量极大，但是控制力量的能力太差，导致投射与传控精度极低。

⊙优秀的平衡能力与协调能力

平衡能力不足会使得你在投射时稳定性极差，影响投篮的精准度。协调能力不佳直接体现在投篮与传控球时的效率极低上，你必须使自己换到习惯的姿势上才可以做动作，殊不知此时早已错过了进攻的最佳时机。

2. 传控与投射能力不佳的影响

⊙进攻手段单一化

如果你不具备较佳的投篮与传控能力，那么你在进攻端便几乎无法对球队做出贡献。

⊙无法组织全队

如果你不具备优秀的传控能力，那么你根本没有机会成为球队的指挥官，组织全队的攻防。

⊙影响球队攻防效率

队友的传球极其出色，但是你没有能力将其命中，这便会影响球队在进攻端的效率。而当你在受到对手严防时，无法很好地保护球，传球时容易出现失误，容易给对手创造快攻机会，进而影响球队在防守端的效率。

⊙容易造成失误

传控能力较低容易造成失误这点不难理解，可投篮能力不足为何也容易造成失误呢？这里我们所讲的“失误”是由于你投篮能力不足，所直接“献”给对手的绝佳进攻机会。如投篮能力极差所带来的“三不沾”、准度明显偏差所导致的无法争抢篮板球等都属于进攻端的“失误”。

3. 具体训练动作

通过针对前臂、大臂以及三角肌的基础力量或爆发力训练，增强球员在传球时的速度、控球时的稳定性以及投篮时的精确度。

⊙弹力带冲拳练习

提高投射与传球所需的力量及速度。

推荐组数：3~4组

每组次数：8~12次

标准姿势（266、267）

将弹力带一端固定在高位，抓住另一端向前发力进行冲拳练习。

266

267

***篮球实战价值**

弹力带自身的弹性特点可以更好地提高肌肉力量与动作速率，并且可以带来水平方向的阻力，相比哑铃更加高效与安全。

***弊端**

需准备多种不同阻力大小的弹力带，以便适应不断变化的肌肉力量。

***变通方法**

将弹力带一端固定在近肩膀位置，抓住另一端向前上方进行冲拳练习，提高传球与投射能力。（268、269）

268

269

将弹力带一端固定在近肩膀位置，抓住另一端向前下方进行冲拳练习，提高击地传球能力。(270、271)

270

271

使用滑轮进行练习，可以获得更多不同的阻力选择。

使用两根弹力带进行练习，提高传球能力。

单腿站立或站在振动台上进行不平衡状态下的练习，强化传控与投射所需要的平衡力与协调能力。(272、273)

272

273

⊙前平举

提高投射与传球所需要的肩部力量。

推荐组数：3~4组

每组次数：8~12次

标准姿势(274、275)

三角肌前束发力，正握哑铃并将其举起至与嘴巴同高的位置即可。

275

274

篮球实战价值

前平举可以强化肩部肌肉，提高投射与传球所需要的肩部力量。

***弊端**

哑铃所带来的阻力方向垂直于地面，与前平举时的发力轨迹不相符，容易导致训练见效慢。

***变通方法**

使用弹力带练习，可以获得与前平举完全相同的阻力轨迹，让训练见效更快。（276）

使用弹力带进行反握练习，可以提高传球能力。(277)

进行完全幅度的前平举练习，将哑铃举起至头顶高度，可以更加全面地刺激三角肌肌群。(278)

单腿站立或站在振动台上进行不平衡状态下的练习，强化传控与投射所需要的平衡力与协调能力。

276

277

278

⊙坐姿推胸

提高胸前传球所需要的肌肉力量。

推荐组数：3~4组

每组次数：8~12次

标准姿势（279）

坐在座椅上，双手正握向前推动器械。

279

***篮球实战价值**

除去坐姿外，发力方式与篮球比赛时的胸前传球极其相似。

***弊端**

训练姿势为坐姿，与篮球比赛时的站姿胸前传球存在一定出入。

***变通方法**

使用两根弹力带进行站姿练习，更好地模仿篮球实战。(280、281)

使用单臂进行练习，更好地模仿单臂胸前传球或弥补左右侧肢体的力量不均衡。(282)

280

281

282

⊙哑铃弯举

提高传控与投射所需要的肌肉力量。

推荐组数：3~4组

每组次数：8~12次

标准姿势(283)

站姿，手臂发力将哑铃举起。

283

***篮球实战价值**

强化肱肌、肱二头肌与肱桡肌力量，为传控与投射提供必备的力量基础。

***弊端**

哑铃所带来的阻力方向垂直于地面，与哑铃弯举时的发力轨迹不相符，容易导致训练见效慢。

***变通方法**

使用弹力带进行练习，可以获得相同的阻力轨迹，让训练见效更快。(284、285)

284

285

使用牧师椅进行练习，可以获得更强的肌肉训练感觉。（286、287）

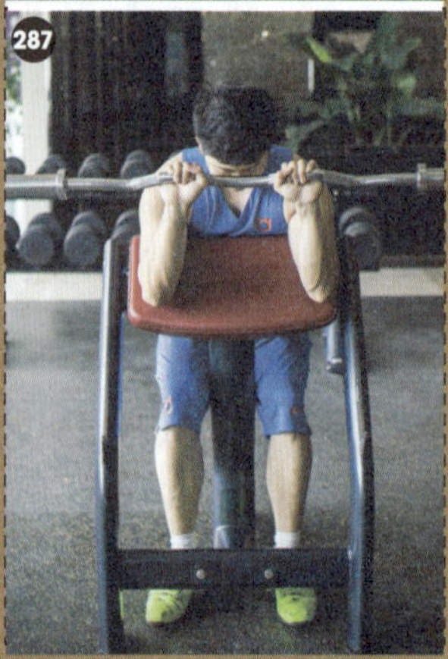

使用杠铃进行练习，可以更快速刺激力量的提高。（288、289）

使用滑轮进行练习，可以获得更多不同的阻力选择。（290）

单腿站立或站在振动台上进行不平衡状态下的练习，强化传控与投射所需要的平衡力与协调能力。

使用双臂进行练习，可选择的重量较小。（291）

进行锤式弯举练习。（292、293）

⊙反向弯举

提高传控与投射所需要的肌肉力量。

推荐组数:3~4组

每组次数:8~12次

标准姿势(294)

站姿,双手正握哑铃后发力举起。

***篮球实战价值**

最大化强化肱桡肌,并且最小化肱肌与肱二头肌的参与程度。提高传控与投射时的精准度。

***弊端**

哑铃所带来的阻力方向垂直于地面,与反向弯举时的发力轨迹不相符,容易导致训练见效慢。

***变通方法**

使用弹力带进行练习,可以获得与反向弯举完全相同的阻力轨迹,让训练见效更快。(295)

使用滑轮进行练习,可以获得更多不同的阻力选择。(296)

使用单臂或双臂进行练习,可以更好地模仿篮球比赛时的单手传控的技术特点或弥补左右侧肢体力量的不均衡。

单腿站立或站在振动台上进行不平衡状态下的练习,强化传控与投射所需要的平衡力与协调能力。

294

295

296

⊙腕弯举

提高传控与投射所需要的肌肉力量。

推荐组数:3~4组

每组次数:8~12次

标准姿势(297、298)

坐姿,双手放在膝盖上,手腕悬空。双手反握发力将杠铃举起。

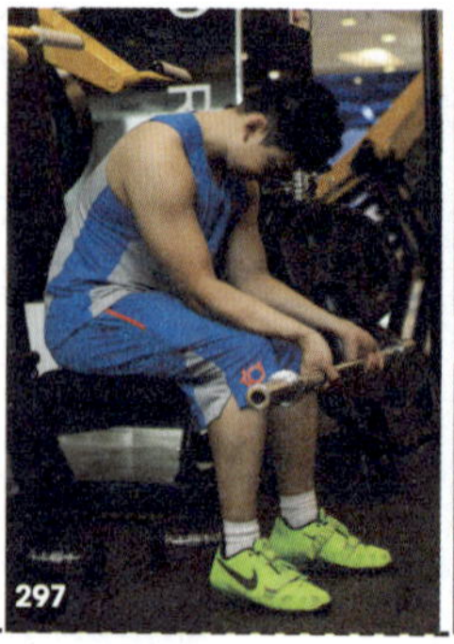
297

298

299

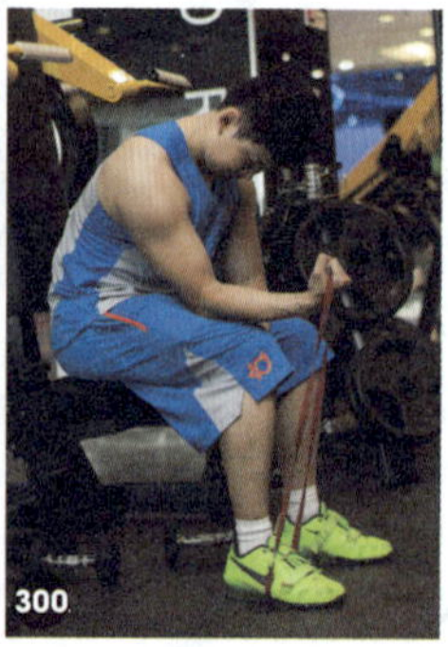
300

***篮球实战价值**

孤立刺激前臂与手腕屈肌肌群,提高传控与投射时的精准度。

***弊端**

杠铃相对较为僵硬,容易给腕关节带来损伤。

***变通方法**

使用滑轮进行练习,可以获得更多不同的阻力选择,并且腕关节较为安全。

使用弹力带进行练习,可以更快速提高肌肉力量。(299、300)

使用站姿体后练习,相比坐姿悬空的姿势更加安全,且可以使用较大负荷。(301、302)

301

302

303

304

使用哑铃进行单臂练习,虽然可以弥补左右侧肢体的不均衡,但在拉伸阶段极易损伤腕关节。(303、304)

单腿站立或站在振动台上进行不平衡状态下的练习,强化传控与投射所需要的平衡力与协调能力。

⊙腕屈伸

提高传控与投射所需要的肌肉力量。

推荐组数：3~4组

每组次数：8~12次

标准姿势（305、306）

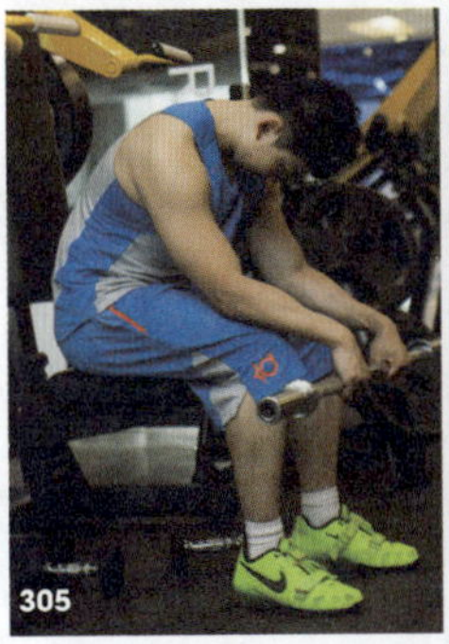
305

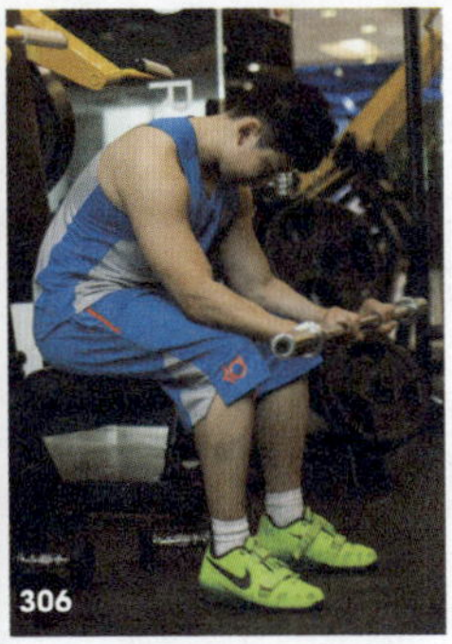
306

坐姿，双手放在膝盖上，手腕悬空。双手正握发力将杠铃举起。

***篮球实战价值**

孤立刺激前臂与手腕伸肌肌群，提高传控与投射时的精准度。

***弊端**

杠铃相对较为僵硬，容易给腕关节带来损伤。

***变通方法**

使用滑轮进行练习，可以获得更多不同的阻力选择，并且腕关节较为安全。

使用弹力带进行练习，可以更快速提高肌肉力量。（309、310）

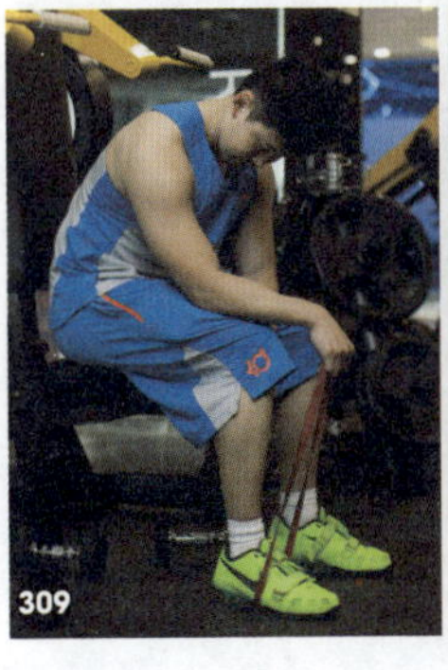
309

310

使用哑铃进行单臂练习，虽然可以弥补左右侧肢体的不均衡，但在拉伸阶段极易损伤腕关节。（307、308）

307

308

⊙握力器

提高传控与投射所需要的肌肉力量。

推荐组数：3~4组

每组次数：8~12次

***篮球实战价值**

阻力较大的握力器可以提高传控与投射所需要的肌肉力量，阻力较小的握力器可以提高传控与投射所需要的肌肉耐力。

***弊端**

握力器的手柄容易磨损手指与手掌。

***变通方法**

使用卷绳握力器进行练习，同时强化前臂与手腕屈伸肌肌群。

⊙重球练习

提高传控与投射所需要的肌肉力量。

***篮球实战价值**

相比普通篮球重量更大的训练球可以提高传控与投射所需要的肌肉力量。

***弊端**

如果训练者自身力量基础较薄弱，使用重球练习容易损伤肩关节或腕关节。

***变通方法**

在投射练习时使用重球进行跳投练习，可以更好地提高跳投能力。

同时控双球进行练习，可以更好地提高控球能力。

进行单手投射练习，可以更好地感知肌肉发力。

⊙双杠臂屈伸

提高投射所需要的肌肉力量。

推荐组数：3~4组

每组次数：8~12次

标准姿势（311）

双手握住双杠，屈手臂至大小臂夹角小于90°，然后发力伸直手臂。

***篮球实战价值**

巩固球员所需的上肢基础力量水平。

***弊端**

容易给予肘关节与腕关节一定压力。

***变通方法**

腰部或双脚间悬垂重物进行练习。

使用臂屈伸训练器进行练习。（312）

⊙俯卧撑

提高投射与传球所需要的肌肉力量。

推荐组数：3~4组

每组次数：8~12次

标准姿势（313）

双手分开与肩同宽进行练习。

***篮球实战价值**

俯卧撑不仅可以提升手臂、肩部与胸肌力量，还可以增强前锯肌肌肉。

313

***弊端**

容易给予肘关节与腕关节一定压力。

***变通方法**

使用单臂俯卧撑进行练习，平衡左右侧肢体力量的不均衡。（314）

使用击掌式俯卧撑进行练习，提升身体的爆发力。（315）

314

315

在两个箱子中间或一手撑箱子一手撑地进行击掌式俯卧撑练习，提高训练难度。（316、317）

316

317

调整不同握距，刺激上半身不同部位的肌肉。（318、319）

318

319

使用手指进行俯卧撑练习，提升投篮所需的手指力量，但容易导致手指损伤。

女球员如果感觉训练难度较大，可使用跪姿俯卧撑练习。（320）

320

4. 雷·阿伦——翩翩君子无情剑

他有着让全世界震惊的投篮能力，他的中远投招招致命，见血封喉。他是一代传奇，是“君子剑”，他叫雷·阿伦。

在2008~2009赛季，雷·阿伦的罚球是每个球队的梦魇，单赛季居然保持95.2%的命中率。2011年，已经转会至波士顿凯尔特人队的“君子剑”，在北岸花园球馆命中职业生涯第2561个三分球，从死敌洛杉矶湖人队的身上正式成为NBA历史上三分球命中数最多的人！

但凡是著名的射手，都有一个共同的标签，即“稳定”。这不仅需要大量的投射技术练习，更需要足够的身体素质作支撑。如何在空当出来后能够把握机会，保持出手的稳定与投射精确度，有针对性的肌肉力量训练与技术练习不可或缺。“君子剑”如此，雷吉·米勒、“大鸟”伯德更是如此。

“如果你想成为伟大的射手，那你每次投篮时的手型应该都是一样的。”

——雷·阿伦

以上便是我们针对篮球运动所需的几大类运动能力的详细分析与讲解，拥有它们其中的任何一项都足以使你在球场上找到自己的“存在感”。然而，作为一名合格的篮球爱好者，你同样必须学会如何保养自己的身体，特别是在进行专项运动能力训练时，切不可图一时之快使自己走火入魔。否则，大功告成之日也是你身体彻底损毁之时，有针对性的预防伤病措施必不可少。

BASKETBALL

篮球是身体接触十分频繁的竞技项目之一，球员自身极易因为较高强度对抗诱发**各种不同的伤病。**此外，由于篮球对于球员体能水平要求极高，故在平时的高强度体能训练中同样存在着一定的受伤风险。

篮球比赛以及篮球所需的体能训练极易导致以下七个部位出现伤病：膝关节、腰部、髋关节、踝关节、肩关节、肘关节与腕关节。这七个部位根据自身的构造、相应被肌肉保护的程度以及在篮球比赛和体能训练时所使用的频率不同，其具体的**恢复时间以及对球员竞技能力所带来的负面影响也不尽相同。**

CHAPTER THREE

面对伤病
——延长运动寿命的方案

一、关于恢复性训练的九件事

1. 及时确诊是关键

如果你在球场上遭遇伤病，那么第一件事不是继续咬牙战斗，而是应当下场对自己的伤势进行确诊。否则容易让原本轻微的伤病恶化，例如轻度的脚踝扭伤，如果不注意及时确诊治疗是十分危险的。越早治疗，球员恢复的速度也就越快，竞技状态受伤病影响的程度自然越低。

2. 足够休息应谨记

即使你是一名职业球员，也应当在伤病与成绩面前做出适当的选择。不能因为一时的成绩就断送自己的职业生涯，饮鸩止渴不会让你得到真正的满足。如果你只是普通的学生或篮球爱好者，那么更没有必要拿自己未来的身体健康做赌注。科比·布莱恩特在35岁“高龄”时跟腱受到堪称毁灭性的打击，比他年轻的“人类电影精华”尚且用了10个月的时间去恢复，但8个月的时间“足以”让“黑曼巴”重新吐信。这种过早复出所带来的竞技表现却与球迷的想象完全不同，多米尼克·威尔金斯在10个月后可以时常飙下30分，而科比的匆忙复出换来的却是又一次的膝盖骨折。

3. 维持柔韧保健康

无论是篮球比赛还是体能训练时，骨折等硬性伤病虽然看似较为严重，但实际上对于球员竞技能力的影响远没有软组织或韧带损伤等软性伤病明显。膝关节、腰部甚至踝关节的扭伤对于球员的竞技能力堪称毁灭性的打击，轻则停战数月、赛季报销，重则断送整个职业生涯。在导致关节较容易扭伤的众多原因中，柔韧性不佳是较被人忽略的一类。如果你的主动柔韧与被动柔韧性较差，那么关节所能够活动的范围便极其有限，自然会增加伤病的产生。但是，如果你的柔韧性过于优秀，同样会容易引发伤病。球员不能让自己的身体太硬，更不应使自己的身体过软。

4. 孤立肌肉防复发

在进行恢复性训练时，我们建议球员最好将力量训练的方式改为孤立训练。这种发力方法虽然与篮球运动大相径庭，但是它可以帮助你更好地弥补弱势区域的肌肉力量，减少伤病复发的可能性。良好的体能素质对于提高篮球水平，特别是业余篮球爱好者的能力是十分有帮助的。它可以一定程度上弥补先天身材的弱点，给予不同类型球员更多的比赛选择。

5. 打牢根基最稳固

许多球员在恢复性训练时会更关注那些使他们"受伤"的小肌肉群，对于大肌肉群却不过多关注。因为在他们看来，针对大肌肉群的训练动作往往会给予关节较大的压力，容易使一些关键部位受损。事实上，大肌肉群好比一座房子的根基，只有根基打得牢固，房子住着才会放心，切不可有舍本逐末的训练观念。

6. 稳定身体最安全

一些严重的伤病多喜欢选择在球员身体失去平衡时入侵，因此让身体稳定下来便成为球员在比赛以及训练时所需要注意的头等大事。一些平衡性的训练，如核心部位的强化练习、单侧肢体的练习、反向运动的练习都是在恢复性训练阶段所必须纳入到日常规划中的。平衡性与柔韧性堪称保护身体健康最重要的两大"隐形能力"。

7. 肌肉协调共发展

在篮球运动中，存在着一部分肌肉相对另一部分肌肉更加重要或者运用更频繁的现象，但绝不存在着一部分肌肉完全无用的问题。这意味着你只可以相应增加重要肌肉部位的训练比例，不能完全忽略“无用”肌肉部位的训练。甚至一些在你看来是“无用”的肌肉，却在保护球员健康中发挥着重要作用。例如股四头肌与股二头肌的关系，许多球员认为股四头肌的重要性远远大于股二头肌，后者并不能像前者那样在弹跳或奔跑时释放较大力量，并且体积过大反而会影响“美观”。事实上，在针对膝关节易受伤的运动员的研究中发现，股二头肌过于薄弱是导致膝伤出现的重要因素之一。

8. 护具选择需谨慎

篮球运动员的护具种类颇多，从普通的护腕、护膝，到发带、护腰，甚至牙齿也有自己独特的武装。虽然它们的保护作用不容忽视，但球员切不可养成护具依赖性。不可因为护具的存在就忽视基础的体能训练，或者勉强带伤上阵。拿护腰举例，其虽然可以提供腰部所需的支撑力量，但使用护腰往往意味着球员自身腰部已经十分脆弱。这种情况下还需要面临每场比赛难以计数的变向与身体接触，护腰所能够做出的真正帮助则十分有限。

9. 正确发力学技术

无论是篮球运动还是力量训练，二者对于球员的发力方式都有十分严格的要求。健身房与球场上所产生的伤病大都与错误的发力方式有着千丝万缕的联系。学会正确的发力方法，不仅可以让你避免持续受到伤病的折磨，更能够帮助你的竞技水平更上层楼。

二、膝关节
——篮球爱好者的命根子

膝关节是决定一名篮球爱好者能否继续打球的生命线，一旦这根线出现问题，再好的身体素质都如梦幻泡影，显得毫无价值。我曾经不止一次的对青少年讲，请爱护你的膝盖，请认真训练那些能够保护它的肌肉，这件事十万火急，刻不容缓！

1. 膝关节的构造与价值

膝关节由股骨内侧髁、股骨外侧颗、胫骨内侧髁、胫骨外侧髁以及髌骨构成，是人体最大且最复杂的关节。在关节上附着着强大的屈肌肌群(股二头肌、半腱肌、半膜肌、股薄肌)与伸肌肌群(股四头肌)。

膝关节在篮球实战中的价值：

*确保基本的运动能力

*强大的膝关节是跳跃、奔跑的前提

2. 膝关节的常见伤病

易受伤程度★★★★★

伤病严重性★★★★★

影响竞技水平★★★★★

伤病恢复时间★★★★★

⊙半月板损伤

病因

多由外力扭转引起，特别是当一条腿单独承重时，半月板极其容易撕裂。严重的甚至可能导致十字韧带以及副韧带同时受到创伤。

表现

*关节活动时有明显的弹响声

*外侧半月板有包块以及痛感，特别是在伸膝时局部包块更突出

*关节活动突然被卡住

*股四头肌明显萎缩

⊙髌腱炎

病因

多由运动量过大或腿部发力方式错误引起。

表现

*蹲跳等腿部屈伸发力时膝盖下方有疼痛感

*运动初期有疼痛感，随着运动增加疼痛感消失，但运动结束后疼痛感复发

⊙十字韧带损伤

病因

篮球运动中猛烈的进行旋转发力或变相，极易导致十字韧带受损。

表现

*腿部完全或伸直明显受限

*局部有僵硬拉扯感

*伤后疼痛且关节快速明显肿胀，无法承重

⊙滑膜炎

病因

多由膝关节扭伤或关节内损伤造成，例如半月板或滑膜损伤、交叉韧带或副韧带损伤，关节内积液或积血。

表现

*上下楼腿部屈伸或主动发力时有疼痛不适感

*关节肿胀明显，特别是在运动后

*髌骨软化，关节酸软无力，在下楼时疼痛加剧

*股四头肌明显萎缩

3. 保护膝关节的具体方法

导致膝关节受损的原因复杂，有肌肉发展的不平衡，有球员自身的技术特点，有体重的高低，甚至也有日常不良习惯的困扰。所以在进行恢复训练时，我们要从多个方面进行对于膝关节的保护。

⊙控制体重

原理

身体肥胖、体重过大会增加膝关节的负担，进一步诱发膝关节在运动中受伤的可能性。因此一旦体重过高，就要积极减少多余无用的体重。

方法

*通过饮食合理控制体重。

*通过有氧与无氧训练有效减低体重。

⊙饮食与生活常见方法

原理

通过饮食以及一些生活中的好习惯减轻对膝关节的损害，尽可能避免伤病的产生。

方法

*选择合适的训练鞋或球鞋，以减少膝关节所受的冲击力。

*训练前进行充分的热身，让膝关节及与其相关的肌肉充分预热。

*注意膝关节保暖，避免其疼痛感加剧。

*多吃含钙、葡萄糖胺较高的食物，可以一定程度减轻关节炎症状。

⊙静蹲

原理

静态练习的方法相比动态发力可以更安全地增强腿部肌群，保持膝关节健康。（321）

标准姿势

靠墙站立，膝盖与脚尖位于一条线，背部靠住健身球，腰部轻微离开墙面后开始下蹲，至大腿与地面平行即止。

***注意**

膝关节有伤病的球员可以减小下蹲的幅度。

避免膝盖过多超过脚尖。

***变通方法**

可离开墙面进行静蹲练习，但训练难度较大。

可选择负重进行静蹲练习，但对膝关节健康度要求更高。

可选择体前负重的方法，减轻腰部所受到的压力。

⊙腿屈伸

原理

孤立强化保护膝关节的最大肌肉群——股四头肌。

标准姿势(322、323)

坐在训练椅上，双腿发力进行屈伸练习。

322

323

***注意**

避免膝盖与脚尖发力方向的不统一。

切忌身体过度前倾，容易导致股四头肌参与度较低。

***变通方法**

进行单腿屈伸练习，可以弥补左右侧肢体力量的不均衡。(324)

324

⊙哈克深蹲

原理

强化保护膝关节的股四头肌、股二头肌、半腱肌、半膜肌与股薄肌。相比传统深蹲练习，其安全系数更高。

标准姿势（325）

325

杠铃位于身后，进行哈克蹲拉练习。

***注意**

避免膝盖与脚尖发力方向的不统一。

切忌膝盖超过脚尖过多。

***变通方法**

调整不同站距以便刺激不同的肌肉区域。

使用弹力带进行练习，可以更大程度强化腿部肌肉。

⊙腿弯举

原理

强化保护膝关节的股二头肌、半腱肌、半膜肌与股薄肌。当膝关节受损时，股四头肌的屈伸发力往往受限，此时大腿后侧肌肉却相对健康，对其进行一定的刺激可以更有效地保护膝关节并且避免大腿肌肉萎缩。

标准姿势（326）

326

俯卧在训练器械上，向上弯举腿部进行练习。

***注意**

避免膝盖与脚尖发力方向的不统一。

切忌腰部弓起借力。

***变通方法**

调整双腿间距以便刺激不同的肌肉区域。

使用坐姿进行练习。

使用站姿进行练习。

使用单腿进行练习，以便平衡左右侧肢体的力量不均衡。（327、328）

327

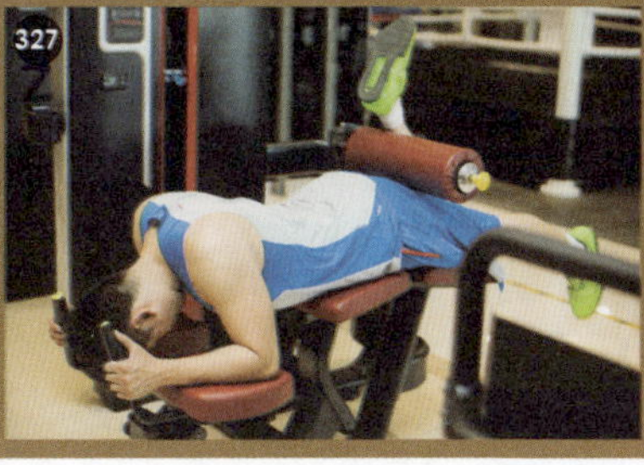

328

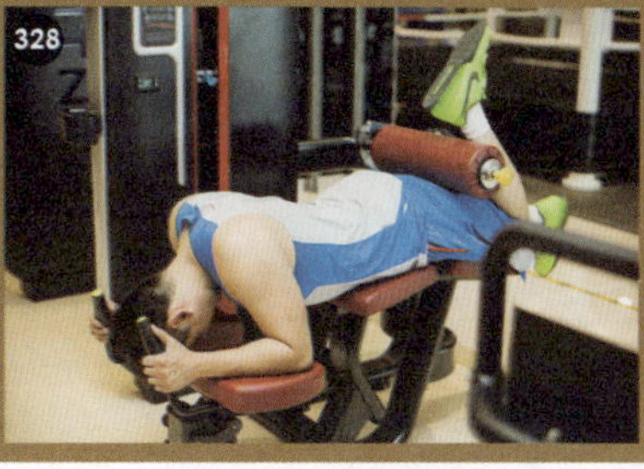

4. 膝关节伤病恢复训练时的十条注意事项

保持重心

在深蹲训练中，重心如果过于靠前容易导致膝关节受到的压力成倍增长。这种坏习惯与球员自身的深蹲姿势有关系，也与其自身身材较高有关。

膝盖与脚尖发力方向一致

在腿部训练中，切记保持膝盖与脚尖发力方向一致。否则容易导致膝关节受到外力扭转，进而诱发严重的伤病。特别是在深蹲训练中，注意使用外八字而非内八字的训练站姿。

膝盖不要过多超过脚尖

在深蹲训练中，切忌膝盖过多超过脚尖。球员可以使用不完全幅度的深蹲训练姿势，或在脚下垫木板以及改善踝关节、髋关节柔韧性的方法解决膝盖超过脚尖过多的问题。

避免大重量内收练习

大重量的内收练习会让本身已经受损的膝关节健康程度更加恶化。

避免爬坡单车练习

使用单车进行练习时，避免进行强度极高的爬坡练习，否则会给膝关节带来更大的压力。

避免过多登山运动

在登山运动中，特别是下山过程，极其容易让膝关节失去保护，进而诱发伤病的产生。

避免高密度的持续跳跃练习

高密度的持续跳跃练习，例如纵跳、脚尖跳、蹲跳，都会让膝关节受到强烈的折磨。

注意对膝关节进行缓冲

在跳跃练习时，例如在跳远或纵跳时，注意对膝关节进行缓冲，否则容易让膝关节受到损伤。

注意训练场地的条件

在跳跃练习时，避免选择较为湿滑的训练场地，否则容易引起肌肉或关节的扭伤。

注意护膝与绑膝的选择

在腿部训练时，建议球员使用护膝而非弹力绑膝。使用护膝不仅可以一定程度保护膝关节健康，更能够让腿部肌群受到锻炼。绑膝容易导致球员自身的腿部肌群无法受到足够的刺激。

5. 案例 膝关节伤病摧毁开拓者巨星

布兰顿·罗伊 波特兰开拓者队得分后卫

2006年第六顺位被明尼苏达森林狼队选中，后被交易到波特兰开拓者队。职业生涯巅峰赛季（2008–2009赛季）场均得分22.6分，4.7个篮板，5.1次助攻，1.1个抢断。曾两次入选NBA全明星，荣膺2006–2007赛季最佳新秀，2008–2009赛季NBA最佳阵容第二队。

伤病记录

2010年4月：被查出右膝盖骨挫伤并伴有轻微软骨撕裂，8天后宣布复出。

2010年11月：罗伊透露自己膝关节有积水现象，另有说法称其患有关节炎，左膝盖甚至已经没有关节软骨。

2011年1月：两膝盖进行关节镜手术。这个赛季罗伊场均只能贡献12.2分，2.6个篮板，2.7次助攻，0.8个抢断。场均出场时间只有27.9分钟，并且缺席了35场常规赛。

2012年11月：膝盖进行自高中以来的第七次手术。

2013年5月：因伤再次退役，本赛季只出场5次，场均时间24.4分钟，场均得分大幅滑落至5.8分。

BRANDON ROY
PORTLAND TRAIL BLAZERS

案例剖析

膝伤对于篮球运动员而言是不折不扣的梦魇，特别是对于那些“身体流”的球员更是如此。罗伊虽然不是单纯“依靠身体”战斗的球员，但终究也无法逃脱膝伤的魔爪。

罗伊本身先天性骨骼异常，相对更容易造成磨损。加之其自身赖以成名的绝技多为行进中的快速变向与急停跳投，对膝关节的磨损程度便更加剧烈。膝关节可谓篮球运动员的命门，一旦其有任何的不适感，对于竞技能力的负面作用便十分明显。当你遇到膝关节损伤时，一定要注意给予其足够的恢复时间，否则只会伤上加伤，严重影响自己的职业生涯。罗伊是一名让人尊敬的斗士，是不折不扣的硬汉，他曾经在手术后20天便重新回到赛场，为世人所震惊。我们相信如果能够给罗伊的膝盖更多的恢复时间，而不是一次次匆匆忙忙地复出，那么或许现在在某个NBA球队的球场上，你依旧能够看到那个无所不能的“黄曼巴”。

三、腰部与髋关节
——疲劳最易入侵的部位

腰部与髋关节是最容易积劳成疾的部位，在上年纪的业余篮球爱好者中，腰椎间盘突出或腰肌劳损几乎是一个无法回避的话题。面对这种“不死的癌症”，如果你还年轻，请一定要重视起来，保护好你的身体。如果你已不幸中招，那么我们依旧有办法进行解救。

1. 腰部与髋关节的构造与价值

腰部是人体的胯上肋下的部分，分布在脊柱的两侧，介于髋骨和假肋之间。腰部肌肉主要有腰方肌、髂腰肌（腰大肌与髂肌）、腰小肌与竖脊肌。

腰部在篮球实战中的价值：

*维持人体站立的基本肌肉。

*提高奔跑能力的关键。

*连接上下肢的关键区域。

*确保身体协调性，力量释放的统一性。

髋关节由股骨头与髋臼相对构成，属于杵臼关节。髋关节周围的主要肌肉有臀大肌、臀中肌、臀小肌、阔筋膜张肌和内收肌。

髋关节在篮球实战中的价值：

*维持人体行走与奔跑的基本。

*转身等旋转身体技术动作执行的依托。

2. 腰部与髋关节常见的伤病

易受伤程度★★★★★　　伤病严重性★★★★★

影响竞技水平★★★★★　　伤病恢复时间★★★★★

⊙腰肌劳损

病因

多由持续性超负荷比赛或训练引起，也与不正确的发力或训练姿势有关。

表现

*弯腰时腰部感到酸痛无力。

*比赛或训练加剧疼痛。

*少数人肌纤维会有少量撕裂。

*腰部前屈活动明显受限。

*久站或久坐同样会引发腰痛。

⊙腰椎间盘突出

病因

对篮球运动员而言,导致腰椎间盘突出的原因主要是长期反复的外力所造成的伤害积累导致髓核出现蜕变。

表现

*腰部明显疼痛,有的甚至臀部出现疼痛。

*咳嗽或打喷嚏时,痛感由腰部向臀部、大腿后方以及小腿外侧呈放射性扩散。

*腰椎侧凸。

*肌肉力量明显退化。

⊙髋关节痛

病因

对篮球运动员而言,导致髋关节痛的原因主要是外力扭伤。

表现

*髋关节处有声响与隐痛。

*无法快速奔跑或单腿支撑较困难。

*严重者无法侧卧。

3.保护腰部与髋关节的具体方法

腰部与髋关节周围的肌肉经常被人们所忽略,安排一些孤立的力量训练动作对于保护腰部与髋关节健康有着十分重要的意义。

⊙山羊挺身

原理

山羊挺身可以刺激腰部肌群、腘绳肌肌群与臀部肌群,进而保护腰部与髋关节健康。

标准姿势(329、330)

站在训练器械上,将上半身向下沉至与靠垫呈90°,臀部发力将上半身举起。

329

330

***注意**

将上半身抬起至与腿部呈一条直线即可，避免上半身抬起幅度过大。

全过程腰部保持持续紧张，发力来源为臀部肌群与腘绳肌肌群，避免腰部弓起主动发力。

变通方法

*选择在双手肘弯处负重，而非在头后负重，避免颈椎受损。(331、332)

331

332

水平高的球员可以进行单腿练习。

侧身进行练习，可以锻炼腹斜肌肌群。(333、334)

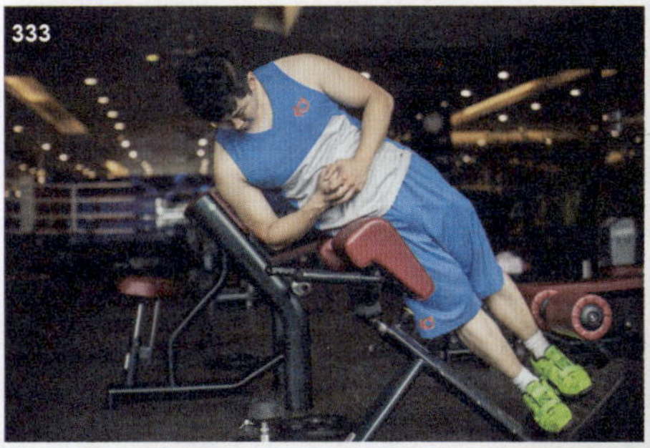
333

334

*可利用健身球由队友辅助完成。

*使用哑铃进行负重练习。(335、336)

335

336

⊙直腿硬拉

原理

直腿硬拉可以刺激腰部肌群、腘绳肌肌群与臀部肌群，进而保护腰部与髋关节健康。

标准姿势（337）

双腿伸直或微屈，发力将杠铃拉起。

***注意**

腰部有伤病的球员切忌使用这种方法，容易让病情加剧。

发力来源为臀部与腿部，切忌腰部弓起主动发力。

切忌让杠铃离身体过远。

337

***变通方法**

可在脚下垫一个木板，减低训练难度。

可使用哑铃降低训练难度。

可使用弹力带增加训练难度。

腰部有伤病的球员可以使用屈腿硬拉的方法。

⊙“早上好”

原理

“早上好”可以刺激腰部肌群、腘绳肌肌群与臀部肌群，进而保护腰部与髋关节健康。

标准姿势（338）

肩扛杠铃，双腿站距与肩同宽，向下沉上半身至与地面平行，尽可能保持腿部伸直。然后发力举起上半身。

338

***注意**

发力来源为腘绳肌肌群与臀部肌群，切忌腰部弓起主动发力。

避免杠铃位置过于压迫颈椎，会引起强烈的身体不适感。

***变通方法**

可使用滑轮器械，减轻对腰部的负担。（339、340）

339

340

可调整站距，双脚间距越窄，训练难度越高。

使用跪姿练习，降低训练难度。（341、342）

可使用弹力带增加训练难度。

腰部有伤病的球员可以使用屈腿硬拉的方法。

341

342

⊙反向两头起

原理

反向两头起可以集中刺激腰部肌群，进而保护腰部健康。

标准姿势（343）

俯卧地面，利用背部与臀部力量同时举起上半身与腿部。

***注意**

避免腰部扭曲借力。

尽可能保持腿部伸直。

***变通方法**

如果同时举起上半身与腿部难度极大，可选择只举起上半身或腿部进行基础练习。

⊙反向举腿

原理

通过提高髋关节的伸展能力，进而保护髋部健康。

标准姿势

俯卧地面，利用臀部力量向斜上方举起腿部。

***注意**

避免腰部扭曲借力。

尽可能保持腿部伸直。

***变通方法**

可以使用健身球以获得更大的训练幅度。

如果训练难度较高，可使用单侧腿进行练习。

⊙支撑举腿

原理

通过提高髋关节的屈伸能力，进而保护髋部健康。

标准姿势（344）

采取俯卧平板支撑的姿势开始练习，向后举起一侧腿。

***注意**

避免腰部扭曲借力。

注意保护肘部健康。

尽可能保持腿部伸直。

***变通方法**

采用仰卧平板支撑的姿势开始练习，向前举起一侧腿，提高屈髋能力。

采用侧卧平板支撑的姿势开始练习，向侧举起一侧腿。（345、346）

⊙内收/外展练习

原理

通过提高髂肌与内收肌力量，进而保护髋部健康。

标准姿势（347、348、349、350）

坐在内收/外展训练机上进行练习。

***注意**

避免过大的训练幅度，防止腹股沟受损。

避免臀部离开座椅。

***变通方法**

使用弹力带进行外展练习。（351、352）

使用弹力球进行静力内收练习。（353、354）

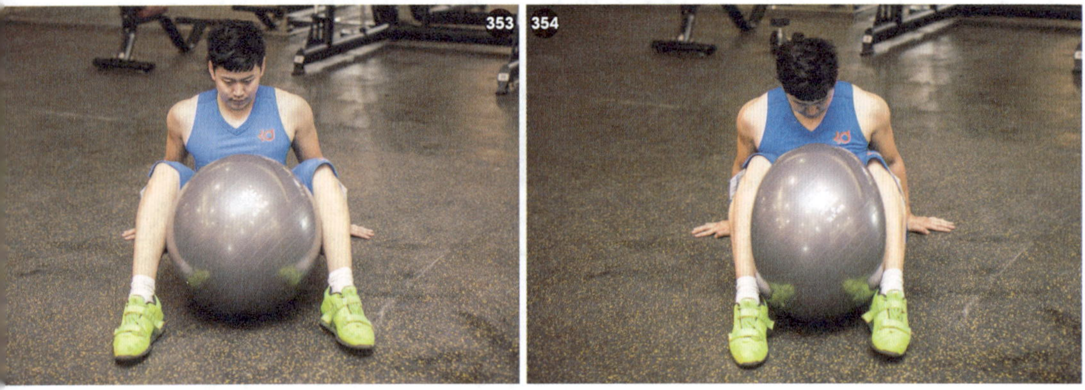

⊙臀桥

原理

通过提高臀部力量保护髋关节与腰部健康。

标准姿势（355、356）

355

356

***注意**

避免使用腰部发力，应当使用臀部力量顶起。

如果柔韧性允许尽量使身体拱起呈拱桥形。

***变通方法**

使用单腿进行臀桥练习。（357、358）

357

358

使用训练椅进行孤立臀桥练习。（359、360）

359

360

4. 腰部与髋关节伤病恢复训练时的六条注意事项

提高柔韧性

柔韧性较差是导致腰部与髋关节受损的最重要因素之一，故在进行恢复性训练时，提高原本较差的柔韧性便成为了十分重要的一个环节。注意主动柔韧能力与被动柔韧能力的双重提高。

标准的训练/运动姿势

如果你的训练姿势不标准，那么会出现强迫腰部错误发力的现象，久而久之便会导致腰部的劳损。比如在进行举重训练时，如果采取弯腰提拉杠铃的方式，那么会让腰椎随时处在受伤的边缘。如果你的运动姿势不标准，比如髋部受到突然的极限拉伸，便会使髋关节或腹股沟等部位变得脆弱。

注意腰带的选择

我们并不建议球员在不会给予腰部过多压力的训练时使用腰带，因为这么做对于腰部健康没有任何帮助，反而会给身体带来负担。当训练动作对腰部有压力时，如果所选重量较轻，或腰部需要一定的活动范围，那么只使用软质的皮腰带或海绵腰带即可。如果所选重量较大，那么需要使用较硬较厚的皮腰带。

注意扛杠铃的姿势

在进行腿部训练时，如颈后深蹲训练，一定要注意杠铃的放置问题。如果将杠铃扛在斜方肌上部，那么会使腰部受到的垂直压力较大。所以不如选择将杠铃放在斜方肌中下部，相对腰部所受的刺激便会减轻不少。

注意腹部训练

在进行腹部训练时，许多球员对于训练把握不严，极易导致腰部受到损伤，特别是在进行仰卧起坐或举腿时，这点需严加注意。此外，腰部与腹部一正一反，两者互相依存。球员一定要注意两个部位的共同发展，切不可步入一个部位过强、另一个部位过弱的训练误区。

注意腰部与髋关节的保养

与膝关节一样，腰部和髋关节同样是篮球运动消耗较多的部位。加之二者本身受伤的原因多为积劳成疾所致，故相应地保养与恢复便显得十分重要。我们建议球员可以在每次训练结束后使用悬垂拉伸或婴儿拉伸的方法来进行腰部保养，采用一些臀部的拉伸方法对髋关节进行放松。

5. 案例 腰伤使麦迪「回到人间」

特雷西·麦克格雷迪 休斯顿火箭队锋卫摇摆人

NBA历史上最受欢迎的球星之一，职业生涯巅峰赛季（2002-2003赛季）场均得分32.1分，6.5个篮板，5.5次助攻，1.7个抢断。两届得分王，七次入选全明星，两次荣膺NBA最佳阵容第一队。

伤病记录

2005年11月：因腰伤缺席5场常规赛。

2006年1月：腰部在一次跳投时严重扭伤。

2006年12月：与奇才队比赛时因腰部受伤离场。

2007年4月：与勇士队比赛时扭伤腰部。

2013年1月：与东莞队比赛后腰伤复发。

TRACY MCGRADY
HOUSTON ROCKETS

案例剖析

腰部对于人体健康有重要作用，它是链接上下身的桥梁，是支撑上半身直立的关键部位。无论是篮球比赛还是力量训练，对于腰部的消耗都是十分巨大的。腰背部由于特殊的生理位置与构造，一旦积劳成疾便很难再恢复健康。并且，在腰部受损后，不要说比赛或训练，甚至连站起身子都十分困难。“小皇帝”勒布朗·詹姆斯在2013年11月8日与快船队的比赛后曾表示腰伤已经困扰其几周，自己迟迟未找到满意的竞技状态，但只要能起床便会坚持比赛。

麦迪有着震慑全联盟的“第一步突破速度”，但随着腰伤的折磨，我们再难看到这种“划破宁静的美丽”。不仅是麦迪，NBA历史上著名的巨星如拉里伯德、巴克利等都曾饱受腰伤的折磨。优秀的力量水平、合理的训练与比赛安排以及认真的保养是保护你腰部健康的必备方法。

JORDAN HILL
L.A. LAKERS

6. 案例 髋关节「攻占」湖人内线

乔丹·希尔 洛杉矶湖人队中锋

2013年的1月一定是湖人内线最不愿回忆的时刻，霍华德因为在与快船队的比赛中右肩软骨撕裂至少休战一周，加索尔又在对丹佛掘金的比赛中被击中面部高挂免战牌，加上右髋关节受损的乔丹·希尔，一时间湖人队三大内线全部无法出战。自从步入2013年以后，湖人队已经遭受三连败，这次三大内线的缺阵毫无疑问让湖人队冲击季后赛的梦想雪上加霜。

伤病记录

2013年1月9日：湖人客场负于火箭，内线萨克雷只贡献10分，3个篮板，4次盖帽。

2013年1月10日：湖人客场负于马刺，内线萨克雷只贡献4分，2个篮板，1次盖帽。反观马刺队内线斯普利特却贡献14分，14个篮板，1次盖帽。

2013年1月12日：湖人主场负于雷霆，遭受六连败，内线萨克雷只贡献6分，4个篮板，1次盖帽。反观雷霆队内线帕金斯虽然也只有6分入账，但却有9个篮板以及3次盖帽的表现。

案例剖析

乔丹·希尔髋关节唇撕裂，最终使其赛季报销。湖人内线缺少了最为重要、最具活力的蓝领。当赛季加索尔一直处于迷茫状态，霍华德的腰椎间盘突出使其在内线失去了以往的爆炸力，随着乔丹·希尔的赛季报销，湖人队彻底丧失了内线竞争力。

髋关节是绝对不容忽视的，它同样会让你长时间告别篮球与杠铃。一个强大的臀部肌群是保护髋关节的必备基础。

四、踝关节
——伤病最爱光顾的薄弱点

踝关节是篮球比赛时伤病最喜欢光顾的部位，受外力或自身平衡性影响，脚踝极易出现各种不同程度的扭伤。这些伤病看似不严重，但却会极大程度影响你的竞技水平，并且需要一定时间去进行耐心的恢复。

1. 踝关节的构造与价值

踝关节由胫、腓骨下端的关节面与距骨滑车构成。腓肠肌与比目鱼肌可以一定程度上保护踝关节的健康。

踝关节在篮球实战中的价值：

*所有的跑跳运动都离不开踝关节的健康。

*踝关节与跟腱越强壮、越健康，相应地平衡、弹跳与速度能力就越高。

2. 踝关节常见伤病

易受伤程度★★★★★　　伤病严重性★★★

影响竞技水平★★★★★　　伤病恢复时间★★★

⊙崴脚

病因

崴脚是篮球运动中最容易发生的伤病之一，常表现为外力使踝关节超过其能够活动的最大范围，出现过度内翻或外翻，进而导致关节周围的肌肉、关节囊与韧带受损。其中由于外踝比内踝更长更低，因此外翻现象相对较少，我们日常所说的崴脚一般指的是踝内翻。

表现

*局部出现流血肿胀现象。

*严重会导致踝骨骨折。

*行走严重受限。

⊙跟腱断裂

病因

多为运动过度所导致的跟腱蜕变，或肌腱钙化严重。

表现

*一般发生在单侧肢体上。

*运动中有足跟部被突然袭击感。

*无法单腿提踵。

*肿胀淤血较明显。

3. 保护踝关节的具体方法

踝关节如果处于不健康状态，那么会连带着跟腱、膝关节等重要部位一同受损。在恢复性训练时，切忌一开始给予踝关节过大压力，一些轻重量、强化小腿肌群的孤立训练动作是你的首选。

⊙反向提踵

原理

通过强化小腿肌群，提高屈小腿力量以保护踝关节健康。

361

标准姿势（361）

站姿，脚跟不变，向上踮起脚尖。

***注意**

不要锁死膝关节，避免膝关节受压过大。

***变通方法**

单脚或使用哑铃进行训练。（362）

362

⊙坐姿提踵

原理

通过强化比目鱼肌，以保护踝关节健康。

标准姿势

坐在器械内，脚后跟悬空进行练习。

***注意**

避免身体过度前倾，手部过度借力。

注意大腿与器械的位置，避免膝关节受到过多挤压。

***变通方法**

使用杠铃片进行练习，弥补没有坐姿提踵机的不便。(363)

363

364

使用弹力带进行练习。

进行反向提踵练习。(364)

4. 踝关节伤病恢复训练时的五条注意事项

提高柔韧性

踝关节受损多由外力引发的关节超出其自身所能承受的最大活动范围所致。因此你能够发现柔韧性，特别是被动柔韧性对于保护踝关节健康的重要性。

强化屈肌肌群力量

不要只关注球员小腿的伸肌肌群，它的“邻居”，保护踝关节健康的另外一部分——屈肌肌群也十分重要。球员的屈伸肌如果发展不均衡，极易导致踝关节的损伤。

谨慎安排力量训练时间

小腿肌群的训练多以锁死膝关节的训练动作为主，故如果在同一天安排大量给予膝关节压力的动作，例如深蹲等，极易导致膝关节受损。

护踝与弹力绷带的选择

如果你只是进行普通的力量训练，那么护踝是不错的选择。它可以给予踝关节一定的保护且不会造成强烈的压迫感，进而影响训练感觉。相反，如果是竞技比赛，那么你更加需要弹力绷带的保护。它可以最大限度保护踝关节在高强度对抗中的健康。

球鞋的选择

不少球员迷信高帮鞋更加能够保护踝关节，低帮鞋相对更容易造成崴脚。然而，事实上作为专业的篮球鞋，高帮与低帮对于保护踝关节健康并没有明显的区别。不要迷信高低帮球鞋的“保护作用”，球员应当更加专注于提高自己的力量与技术能力，这才能够帮助你更好地避免伤病的侵袭。

TONY PARKER
SAN ANTONIO SPURS

5. 案例 脚踝扭伤阻挡「法国超跑」

托尼·帕克 圣安东尼奥马刺队组织后卫

作为来自法国的“超级跑车”，帕克有着令全联盟后卫胆寒的突破能力与攻击速度，当他强行驶入内线后，少有球队可以真正限制他的表演。2013年的2月份，帕克狂飙全联盟，带领马刺队8胜3负，其中8场比赛为球队得分王，连斩里基·卢比奥、德隆·威廉姆斯、凯利·欧文、克里斯·保罗、戈兰·德拉季奇等联盟一线后卫，单月场均26.1分，8.3次助攻，命中率更是高达恐怖的54%。

伤病记录

2013年3月：左脚踝被诊断为2级扭伤，总共缺席8场比赛。期间马刺6胜2负，3月13日，明尼苏达森林狼队当家后卫里基·卢比奥面对没有帕克的马刺队17投9中，拿下21分、13个篮板、12次助攻的三双数据。而在2月份帕克与里基·卢比奥的较量中，后者13投仅3中，拿下9分，4个篮板，11次助攻。

伤病剖析

脚踝扭伤多出现在那些喜欢在天上高空作业的“飞人”，或有着千里独行、万里草上飞能力的球员身上。作为世界级的“跑车”，帕克的快速突破自然会极大程度消耗踝关节。

二级脚踝扭伤虽然不是十分严重的伤病，但也足以让你离开赛场几周的时间。这类伤病的恢复周期一般为1个月，帕克因为自身的力量基础以及强大的医疗团队，仅休养了不足3个星期便重回赛场。

五、肩关节
——决定命中率的核心

肩关节的健康与否直接决定着命中率的高低，严重的伤病不仅无法使你进行篮球或体能训练，更会影响最基本的生活行动。强忍肩部疼痛对于训练和比赛是没有任何价值的，特别是在训练中更容易引发严重的安全问题。

1. 肩关节的构造与价值

肩关节由肱骨头与肩胛骨的关节盂构成，三角肌包裹在肩峰的三面。

肩关节在篮球实战中的价值：

*保障投射、传球等运用上肢的技术动作的执行。

2. 肩关节的常见伤病

易受伤程度★★★　伤病严重性★★★

影响竞技水平★★★★★　伤病恢复时间★★★

⊙肱二头肌长头肌腱炎

病因

由于篮球运动员自身的竞技习惯，即长期使肩关节处于最大活动范围并且十分依赖肩部力量，故容易导致长头肌腱在结节间沟的骨质上反复摩擦，进而导致肌腱蜕变，并且诱发炎症。

表现

*肩前有肿胀现象，屈肘乏力。

*结节间沟有压痛感。

*进行卧推、推举、俯卧撑等较多调动三角肌前束肌肉的运动时痛感加剧。

3. 保护肩关节的具体方法

力量训练安排不合理往往是导致肩关节受损的罪魁祸首。有些球员希望短时间内强化自己的肩部力量，结果却适得其反，不仅让肩关节受损，甚至还会影响腰部、腕关节与肘关节的健康。在恢复性训练阶段，不仅要选择合适的训练动作，更需要注意不同区域肌肉间的平衡发展问题。

⊙俯身侧平举

原理

通过强化三角肌后束的肌肉，弥补三角肌前后束发展不均衡，保护肩部健康。

标准姿势（365、366）

上半身尽可能与地面平行，腰部伸直，手握哑铃，掌心与身体相对，三角肌后束发力将哑铃向一侧举起。

365

366

367

*注意

避免上半身的晃动借力。

避免肘部在训练时出现屈伸现象。

避免腿部屈伸借力。

避免腰部扭曲借力。

*变通方法

使用单臂进行练习，可以提供更好的训练感受，使用更大的训练重量。（367）

使用弹力带进行练习，可以提供更好的训练感受。（368、369）

使用滑轮器械进行练习，可以提供更好的训练感受，且训练阻力完全符合三角肌自身需求。（370、371）

368

369

370

371

372

373

374

375

376

使用滑轮器械进行跪姿练习，训练孤立感更强。（372）

使用蝴蝶机进行反向飞鸟练习。

使用绳索大飞鸟机进行反向飞鸟练习。（373、374）

使用训练椅进行俯身斜板侧平举练习，训练姿势较容易掌握。

使用坐姿进行练习，训练姿势较难，腰部容易出现借力现象。（375、376）

⊙自动织布机训练

原理

通过强化冈下肌力量，弥补三角肌前束与冈下肌发展不均衡，保护肩部健康。

标准姿势（377）

使用滑轮进行练习，滑轮位于腰部位置。屈臂，左手握住滑轮后向左侧水平伸臂。全过程保持肘关节锁死不动。左侧练习完毕后再进行右侧练习。

377

378

379

***注意**

锁住肘关节与肩关节，避免上半身晃动借力。

避免肘部屈伸借力。

***变通方法**

侧卧于地面进行练习，训练孤立感更强。（378、379）

没有滑轮时可以使用哑铃替代，但仅限于仰卧姿势。

⊙直立划船

原理

通过强化斜方肌与三角肌外侧力量，弥补三角肌前束与三角肌中束、斜方肌发展不均衡，保护肩部健康。

标准姿势（380、381）

使用曲杠铃进行练习，斜方肌与三角肌中束发力将杠铃举起至下巴处。

***注意**

尽可能避免使用直杠铃。

避免脚尖踮起或腿部屈伸借力。

避免手腕内扣。

***变通方法**

调整握距，握距越宽对三角肌外侧刺激越强，对斜方肌刺激越弱。（382）

使用哑铃进行练习，训练姿势较容易掌握。（383、384）

使用滑轮绳索进行练习，可以提供更好的训练感受。（385）

使用仰卧姿势进行练习，训练孤立感更强。（386）

使用弹力带进行练习。（387、388）

4. 肩关节伤病恢复训练时的四条注意事项

注意对肩关节的保养

肩关节同样是篮球比赛中极容易受伤的一个部位，这一切都与所有的传控、投篮离不开肩部力量有着密切关联。在导致肩部出现各种炎症的病因中，肩部过度使用、积劳成疾是所占比例较大的一个因素。因此，在比赛以及训练前后，对肩部进行一定的热身、拉伸甚至按摩等保养手段便显得不可或缺。

注意肌肉间发展的不均衡

在导致肩部出现各种炎症的病因中，三头肌各个头之间的发展不平衡，以及三角肌与其周围肌肉间发展不平衡，都是导致肩关节受损的重要因素。在进行恢复性训练时，球员一定要针对自己的弱势区域进行强化练习。

注意肩关节柔韧性的维持

因为肩关节自身是极其灵活的，其活动范围很大，所以其自身的稳定程度相对较差。球员自身需根据肩关节的特点进行一定的柔韧性练习，尽可能避免在剧烈身体对抗下所出现的肩关节损伤。

注意护肩的选择

不少球员喜欢选择一种单侧的，绕过一侧胸大肌的护肩，从而在比赛或训练时给予肩部一定的保护。然而，根据肩关节自身的生理构造以及运动特点，这种护肩本身能起到的保护作用是十分有限的，甚至可以忽略不计。

NATIONAL BASKETBALL ASSOCIATION

5. 案例 肩部伤病使NBA失色

2013–2014赛季的NBA，伤病成为了全联盟的主题，德里克·罗斯、科比·布莱恩特、卡梅隆·安东尼等巨星都或多或少地饱受伤病折磨。就连“第一控卫”克里斯·保罗，也同样无法幸免。在2014年1月6日的比赛中，保罗肩锁关节三级脱位，虽不用手术，但也需要缺阵至少六周时间。加上之前的科比、威斯布鲁克、纳什、罗斯等全明星组织后卫高挂免战牌，使得本赛季NBA的比赛质量以及精彩程度都大打折扣。

本赛季保罗的表现十分出色，在其出战的34场比赛中，场均拿下19.6分，11.2次助攻，4.6个篮板，以及2.4次抢断。快船队在他的带领下高歌猛进，但随着他肩关节的脱位，快船队的夺冠梦想也随之成为泡影。

六、肘关节与腕关节——不起眼的关键区域

部分篮球爱好者在训练时往往不注重对手腕与手肘的保护，特别是在一些上肢训练动作中，如卧推、推举、手臂屈伸或弯举训练时使用较大负荷，导致动作变形，关节、肌肉或韧带受损。虽然它们相比膝关节等部位不易引发严重的伤病，但轻微的不适感同样会极大程度影响你的体能训练与篮球技战术发挥。

1. 肘关节与腕关节的构造与价值

肘关节由肱骨下端和尺骨、桡骨上端构成。肱三头肌、肘肌、肱二头肌、前臂肌群共同包裹着肘关节。

肘关节在篮球实战中的价值

*提供投篮与传球时所需的力量。

*提供向前或向后运球时的力量。

腕关节由手舟骨、月骨和三角骨近侧关节面、桡骨的腕关节面和尺骨头下方的关节盘构成。前臂屈伸肌肌群包裹着腕关节。

腕关节在篮球实战中的价值:

*所有精确的投篮、传球与控球技术都需要腕关节的支持。

2. 肘关节与腕关节的常见伤病

易受伤程度★★　　伤病严重性★★

影响竞技水平★★★　　伤病恢复时间★★★

⊙网球肘

病因

学名为肱骨外上髁炎,病因多为前臂伸肌发力过猛所诱发的慢性撕拉现象。肘部长期屈伸发力,过于频繁地进行提拉、上挺训练,都有可能导致"网球肘"。

表现

*肘关节外侧上方明显痛感。

*使用握力时痛感明显。

*前臂旋转发力,如拧毛巾、开门时有痛感。

⊙高尔夫球肘

病因

学名为肱骨内上髁炎,病因多为屈肌过度疲劳所致,与"网球肘"发病机理相似。

表现

*肘关节内侧有疼痛感。

*屈肘时乏力。

*使用握力时内侧或前臂有痛感。

⊙腕关节扭伤

病因

多为上肢力量训练时使用负荷过大、训练过频繁或单侧手练习所致。如进行推举、卧推或单臂俯卧撑时,腕关节容易出现损伤。

表现

*腕部有肿胀现象。

*腕部活动明显受限。

*严重的可能会出现轻微骨裂现象。

3. 保护肘关节与腕关节的具体方法

导致肘关节与腕关节受损的原因主要是不同区域肌肉间发展不平衡，所以在恢复阶段你需要针对薄弱部位进行强化练习。

⊙肱三头肌器械屈伸练习

原理

通过强化肱三头肌与肱肌力量，保护肘关节健康。

标准姿势（389、390）

389

390

站姿面向滑轮器械，握住直杠铃，利用肱三头肌的力量进行屈伸练习。

***注意**

锁死肘关节，不要过度晃动借力。

避免耸肩借力。

避免屈伸借力。

确保一定的运动幅度，让肱三头肌受到足够刺激。

***变通方法**

进行反向臂屈伸练习。（391、392）

进行单臂练习。

391

392

进行跪姿练习，可以提供更好的训练感受。（393、394）

393

394

395

396

进行颈后臂屈伸练习，肱三头肌所受的拉伸会更加明显。（395、396）

*使用弹力带进行臂屈伸练习。(397、398)

*背对器械进行臂屈伸练习。(399、400)

⊙锤式弯举

原理

通过强化肱肌与肱桡肌力量，保护肘关节与腕关节健康。

标准姿势

握住哑铃，大臂夹紧胸部。利用肱肌与肱桡肌力量向上举起哑铃。

***注意**

避免肘部过度晃动借力。

避免耸肩借力。

避免腿部屈伸。

避免挺胸借力。

***变通方法**

进行单臂练习。(401、402)

使用滑轮绳索进行练习，可以提供更好的训练感受。

使用杠铃片进行练习，更加简便易行。

使用牧师椅进行练习，训练孤立感更强烈。

4. 肘关节与腕关节伤病恢复训练时的五条注意事项

避免过于频繁的力量训练

对于篮球运动员而言，导致肘关节与腕关节受损的原因多以积劳成疾为主。这点主要体现在力量训练与篮球训练本身搭配的不合理上。篮球项目本身就会极大程度消耗腕关节与肘关节，如果再在短时间内安排大量的给予肘关节或腕关节压力的力量训练动作，那么极易导致其受损。因此，无论是在身体健康还是伤病恢复阶段，都不要过于频繁地进行有关肘关节与腕关节的力量训练。

避免不正确的发力方法

力量训练时一些不正确的发力方法会使肘关节与腕关节受损，特别是在进行单侧训练时，危险系数最大。

注意强化小肌肉群

前臂肌群的一些小肌肉对于保护腕关节与肘关节健康都是十分重要的。球员自身应加强对于握力的练习，以便刺激这些保护关节健康的"隐形肌肉"。

注意肌肉平衡发展

球员自身屈伸肌发展不平衡也是导致肘关节与腕关节受损的原因之一。例如前臂屈伸肌间发展不平衡，或者肱二头肌与肱三头肌发展不平衡，都是十分常见的。对于篮球运动员而言，一般来讲屈肌肌群相对较弱。因此，在进行恢复训练时，有针对性的屈肌力量训练便显得十分重要。

注意护具选择

如果选择护具的目的是为了应付力量训练，那么你可以选择一些弹性较大的护腕或护肘。有时在大重量训练时甚至可以使用较硬较厚的绷带。但如果选择护具的目的是为了一场球赛，那么一些具备减少冲击力，材质较软且不会限制关节活动范围的护腕与护肘则应当成为你的首选。

STEVE BLAKE
L.A. LAKERS

5. 案例 可怕的「后卫诅咒」

史蒂夫·布雷克 洛杉矶湖人队组织后卫

2013–2014赛季，布雷克的表现不可谓不出色，在其首发的全部21场比赛中，场均出战31.9分钟，贡献9.8分，7.7次助攻。在史蒂夫·纳什早早高挂免战牌后，布雷克一人承担起了湖人队外线的进攻与组织重担。其中在2013年11月客场与休斯顿火箭队的比赛中，布雷克在最后1.3秒三分线外，绝杀火箭，挽狂澜于既倒。

伤病记录

2013–2014赛季伊始：史蒂夫·纳什受伤，恢复遥遥无期，湖人队丧失头号组织后卫。

2013年11月27日：史蒂夫·布雷克与奇才队一战后肘部受伤，带伤继续出战。

2013年12月1日：乔丹·法玛尔腿筋拉伤，湖人队丧失主要替补组织后卫。

2013年12月12日：史蒂夫·布雷克确诊为右肘韧带撕裂，缺席至少6周，状态回归的布雷克不得不暂时告别球场。

2013年12月18日：科比·布莱恩特左膝骨折，缺阵至少6周，湖人丧失超级巨星。

2013年12月30日：泽维尔·亨利半月板异常，预计缺席7~10天，当赛季同样有出色发挥的亨利也无法逃离“后卫诅咒”。

2014年1月2日：乔丹·法玛尔腿筋再次拉伤，缺席至少4周，湖人被迫启用年轻后卫肯道尔·马绍尔。

伤病剖析

2012–2013赛季的湖人队遭遇了堪称“史无前例”的内线伤病潮，号称全联盟最顶尖的内线组合瞬间土崩瓦解。时间仅仅过去一年，湖人队又遇到了自己重建道路上的又一劫数——短期内先后共有五名组织后卫伤退，逼得紫金军团不得不从NBDL招入组织后卫。

肘部伤病让本来重拾状态的布雷克不得不在“巅峰状态”暂别球队，因为其自身对球员竞技水平的重要性，是否会影响布雷克复出以后的投篮命中率以及失误次数仍未可知。

BASKETBALL

本章我们将为大家系统列举全方位的**专项体能训练计划，**不仅包含我们之前所提到的弹跳力、力量、投射、伤病预防与恢复，更涵盖篮球场五个不同位置、不同特点球员所需的针对性更强的体能训练方案。

我们尽可能考虑到国内篮球爱好者的主客观条件，在训练动作与器械的选择上**更具可操作性**，多为大家在健身房可以实现的，难度系数并不高且有出色成效的训练方法。

CHAPTER FOUR

全方位的专项体能训练计划

一、不同时期的体能训练计划制定

我们按照篮球比赛的特殊性将体能训练计划分为三个不同的时期：休赛期，赛季前以及赛季中。根据不同时期球员以及球队的侧重点不同，相应地体能训练计划也体现了各自的针对性。

1. 休赛期的体能训练计划

休赛期一般是每名球员对自身竞技水平进行充电的最佳时机，如何在2~3个月的时间内使自身较为薄弱的运动能力更上一层楼是当务之急。因此，控制体重，提高弹跳力、速度、基础力量、敏捷与柔韧性，应当是训练的主要目标。

A.控制体重

这段期间内球员的训练计划可以与耐力训练相结合，通过有氧训练的方式来使自身的体重保持在一个合理的范围内。此外，一定的力量训练必不可少，它可以帮助球员避免在控制体重的同时流失过多的肌肉。我们建议球员的训练计划可以采取一周3~4天有氧训练与1~2天力量训练相结合的方法。随着赛季越来越近，可以在一天内同时安排有氧训练与力量训练，注意“先力量后有氧”的次序，一周保持在4~5天。

B.弹跳力

这段期间内球员的训练计划应当主要围绕力量训练以及跳跃技术训练制定。此外，如果需要提高弹跳力的持续释放能力，也可以安排一定的有氧训练。我们建议球员的训练计划可以采取一周1~2天力量训练、2~3天跳跃技术训练以及1天有氧训练的方式。力量训练时每次选取不超过5个训练动作，跳跃技术训练时每次选取不超过12个训练动作。

C.速度

这段期间内球员的训练计划应当主要围绕力量训练以及奔跑技术训练制定。此外，如果需要提高速度的维持能力，也可以安排一定的速度耐力训练。我们建议球员的训练计划可以采取一周2天力量训练，2~3天奔跑技术训练以及1天速度耐力训练的方式。力量训练时每次选取不超过4个训练动作，奔跑技术训练时每次选取不超过6个训练动作。

D.基础力量

这段期间内球员的训练计划可分为两大类：分部位训练或全身训练。其中关于分部位训练计划，适用范围往往是自身某一部位力量较差的球员。我们建议球员的训练计划可以采取一周3天弱势部位训练，1~2天其余部位训练以及1~2天有氧训练的方式。弱势部位训练选取不超过5个训练动作，其余部位训练总共选取不超过6个训练动作。另外关于全身训练计划，适用范围往往是自身力量水平较平均，或力量基础十分薄弱的球员。我们建议球员的训练计划可以采取一周3~4天全身训练、1~2天有氧训练的方式。每次训练内容分为上半身与下半身，每次共选取不超过10个训练动作。

E.敏捷与柔韧性

这段期间内球员的训练计划应当主要围绕敏捷训练，辅以日常的拉伸练习。我们建议球员的训练计划可以采取一周3天敏捷训练，1天力量训练以及1~2天有氧训练的方式，以便在培养球员学习新技术、提升自身灵活性的基础上，又不使其耐力与力量水平有衰退。每次敏捷训练可以安排6~12个动作，不要使每个动作的训练时间过长。

2.赛季前的体能训练计划

赛季前的几个周是储备体能，特别是耐力水平的关键时期。这段期间球员的体能储备是否充足，直接决定了其在新赛季的表现如何。此外，由于赛季前是每支球队磨合阵型，训练技战术的关键时刻，不再适合拿出大部分精力训练弹跳力、速度或基础力量。不过，在一定程度上加强关于敏捷与柔韧性的训练，对于球员在新赛季的表现还是有一定裨益的。

A.体能与耐力

这段期间内球员的训练计划应当主要围绕速度耐力训练，辅以一定的心肺耐力与适当的力量耐力训练。我们建议球员的训练计划可以采取一周2~3天耐力训练、1天爆发力训练（弹跳或速度）、1~2天敏捷与柔韧练习的方式。每次训练可以根据距离新赛季开始时间的长短选取不同的训练动作，如中长跑、折返跑以及球场跑练习。此外，如果球员自身有夏季联赛或训练营比赛，那么需严格注意体能训练计划安排，建议安排1~2天耐力训练，1天爆发力训练，1天敏捷与柔韧练习。

B.敏捷与柔韧性

这段期间内球员的训练计划应当主要围绕敏捷训练与体能耐力训练，辅以一定的柔韧训练。我们建议球员的训练计划可以采取一周2天耐力训练、1天爆发力训练(弹跳或速度)、2天敏捷与柔韧练习的方式。每次敏捷训练需注意缩短整体的训练时间，但应该适当增加训练强度，以巩固休赛期时所掌握的新技术，并且使训练成果在赛季前的热身比赛中得到检验。

3.赛季期的体能训练计划

赛季中的比赛应接不暇，球员需要根据具体情况控制训练计划与训练量，以避免自身竞技水平以及身体健康受损。此时的体能训练应当主要围绕力量训练进行，目的在于保持一定的体能水平。其余的弹跳、速度、耐力、敏捷与柔韧性训练则应当只作为日常的基础练习或热身准备练习，无需再额外拿出专门的时间进行提高训练。

基础力量

在这段期间内球员的训练计划主要有以下六种类型。第一种以补强性训练计划为主，根据球员自身在基础力量方面的弱点，每周安排2~3次的针对性训练，每次选取不超过5个动作。第二种以功能性训练计划为主，采用一些爆发力的力量训练项目，每周安排2次针对性训练，每次选取不超过4个动作。第三种以全身性训练计划为主，每周安排2次全身性训练，每次每个部位只练习1个动作，且不要安排过多的训练组数。第四种以循环训练为主，每周安排2次循环练习，每次每个部位只练习1个动作，每个动作间无休息，循环练习。第五种以上肢训练计划为主，每周安排2~3次上肢与核心力量相结合的训练，每次选取不超过8个动作。第六种以下肢训练计划为主，每周安排2~3次下肢与核心力量相结合的训练，每次选取不超过8个动作。以上六种训练计划需要根据球员自身的比赛与身体状况作出调整，避免训练过度情况的出现。

二、五个位置的不同体能训练方案

篮球场的五个位置各自职责不同，相应对于运动能力的要求也不尽相同。这里我们根据五个位置各自的攻防特点以及对于球队整体战术的意义列出有针对性的训练计划。

组织后卫，是篮球场上的天生指挥官，
一支球队的运转如何与组织后卫的水平有着密切关联。

球队需求

⊙进攻发起者与组织者

毋庸置疑，组织后卫是球队进攻端的发动机，一旦你的身体素质较差，那么极易被对方封锁。而发动机被破坏，球队想正常前进毫无疑问是痴人说梦。

⊙防守时的第一道屏障

组织后卫是防守时的第一道屏障，如果体能素质较差，那么会使对方极易撕裂你们早已布好的防守阵容。

⊙极强的往返能力

作为球队进攻与防守的关键，你必须拥有极强的往返能力，否则不仅球队攻不上去，更退不回来。

⊙一定的投射能力

组织后卫的职责往往是串连球队的攻防，本身并不需要极强的得分能力。但是一定的投射能力却是十分必要的，否则对手只需要关注你的突破与传球即可，根本不用担心你的投篮威慑力。

⊙优秀的速度

这里所指的速度并非组织后卫自身单纯意义上的奔跑速度，传球速度更是十分重要，否则便会影响球队的进攻节奏。

身体素质特点

⊙传控能力极佳

在技术方面，组织后卫首当其冲的便是要拥有极佳的传球与控球能力。手腕与前臂力量释放的精准度是提供优秀传球与控球的关键。

⊙敏捷度极高，突破能力强

组织后卫需要极强的身体柔韧性与敏捷度，并且拥有一定的“第一步”启动速度。

⊙投射能力稳定

除了要在训练时加入传控的专项篮球技术训练外，还不要忘记投篮训练。手臂力量与身体协调性的训练则是这时身体素质练习的重点。

训练计划

A.身材矮小型组织后卫

特指那些身高低于180cm的组织后卫，他们自身的敏捷度与柔韧性往往是许多高个子组织后卫所不能及的。因此，在制定训练计划时可以考虑将此优势扩大化，加强敏捷度与柔韧性的练习。此外，小个子后卫在防守端受限于身高差距，只能通过强化力量与反应速度才能够尽量弥补自身在防守端的天然差距。并且，一定的速度耐力练习也可以帮助他们在球场上不知疲倦地奔跑，与比自己高的对手进行消耗战，靠耐力拖垮那些体重比自己大的壮汉。

计划周期：8~12周
训练时间：休赛期
训练目标：强化力量与敏捷度，巩固耐力水平。（403、404）

403

404

第1周：准备阶段

训练量：★★★★★

训练强度：★★

第1天：上肢力量训练	
平板窄距卧推	2组，每组15~20个
推举	2组，每组15~20个
侧平举	2组，每组15~20个
引体向上	2组，每组15~20个
坐姿划船	2组，每组15~20个
杠铃弯举	2组，每组15~20个
双杠	2组，每组15~20个
腕弯举	2组，每组15~20个
腕屈伸	2组，每组15~20个

第2天：敏捷度训练	
蛇形跑练习	3组，每组1次
滑步练习	6组，每组1次
直角跑练习	3组，每组1次
背向跑	3组，每组1次
跨栏跑	3组，每组1次
篮球专项练习	投篮与控球

注：距离选择不应超过球场长度。

第3天：下肢力量训练	
深蹲/全蹲	2组，每组15~20个
腿举	2组，每组15~20个
哈克深蹲	2组，每组15~20个
史密斯机提踵	2组，每组15~20个
史密斯机反向提踵	2组，每组15~20个
臀桥	2组，每组15~20个
箭步蹲	2组，每组15~20个
仰卧起坐	2组，每组15~20个
卷腹	2组，每组15~20个
转体卷腹	2组，每组15~20个

第4天：上肢力量训练	
上斜哑铃卧推	2组，每组15~20个
器械推举	2组，每组15~20个
俯身侧平举	2组，每组15~20个
坐姿下拉	2组，每组15~20个
单臂划船	2组，每组15~20个
弹力带弯举	2组，每组15~20个
颈后弹力带臂屈伸	2组，每组15~20个
腕弯举	2组，每组15~20个
腕屈伸	2组，每组15~20个

第5天：敏捷度训练	
梯形跳跃练习	4组，每组1次
转髋跳练习1	4组，每组1次
转髋跳练习2	4组，每组1次
反向运球训练	4组，每组1次
三秒区滑步练习	4组，每组1次
篮球专项练习	投篮与控球

注：可安插轻量篮球专项训练，与敏捷度训练放在同日进行。

第1天:下肢力量训练	
深蹲/全蹲	3~4组,每组8~12个
前蹲	3~4组,每组8~12个
浅蹲	3~4组,每组8~12个
箱式深蹲	3~4组,每组8~12个
负重卷腹	3~4组,每组8~12个
臀桥	3~4组,每组8~12个

第2天:敏捷度训练	
蛇形跑练习	3组,每组1次
滑步练习	6组,每组1次
梯形跳跃练习	3组,每组1次
转髋跳练习1	3组,每组1次
转髋跳练习2	3组,每组1次
篮球专项练习	投篮与控球

注:距离选择不应超过球场长度。

第3天:上肢力量训练	
平板卧推	3组,每组10个
推举	3组,每组10个
引体向上	3组,每组10个
双杠臂屈伸	3组,每组10个
锤式弯举	3组,每组10个
腕弯举	2组,每组15个
腕屈伸	2组,每组15个
负重举腿	3组,每组10个

第4天:下肢力量训练	
腿举	3~4组,每组8~12个
箭步蹲	3~4组,每组8~12个
哈克深蹲	3~4组,每组8~12个
提踵	3~4组,每组8~12个
反向提踵	3~4组,每组8~12个
GHR	3~4组,每组8~12个
负重仰卧起坐	3~4组,每组8~12个

第5天:耐力专项训练	
400米跑	2组,每组1次
X跑	2组,每组1次
纵向6次跑	2组,每组1次

注:轻量篮球专项训练,与敏捷度训练放在同日进行。

第2~4周:力量增强阶段

训练量:★★★★★

训练强度:★★★

第5~8周:体能巩固阶段

训练量:★★★★

训练强度:★★★★★

第1天:耐力专项训练	
400米跑	2组,每组1次
200米跑	2组,每组1次
80米跑	2组,每组1次
40米跑	2组,每组1次

第2天:全身力量训练	
腿举	2组,每组15个
臀屈伸	2组,每组15个
提踵	2组,每组15个
反向提踵	2组,每组15个
平板哑铃卧推	2组,每组15个
引体向上	2组,每组15个
器械推举	2组,每组15个
锤式弯举	1组,每组15个
双杠臂屈伸	1组,每组15个
卷腹	3组,每组力竭

第3天:敏捷度训练	
滑步练习	6组,每组1次
跨栏跑练习	3组,每组1个
背向跑练习	3组,每组1个
背向运球练习	3组,每组1个
梯形跳练习	3组,每组1个
转髋跳练习1	3组,每组1个
直角跑练习	3组,每组1个
篮球专项训练	投篮与控球

第4天:耐力专项训练	
17次折返跑	2组,每组1次
自杀式折返跑	2组,每组1次
纵向6次折返跑	2组,每组1次
X跑练习	2组,每组1次

第5天:全身力量训练	
腿举	2组,每组15个
臀屈伸	2组,每组15个
提踵	2组,每组15个
反向提踵	2组,每组15个
平板哑铃卧推	2组,每组15个
引体向上	2组,每组15个
器械推举	2组,每组15个
腕弯举	1组,每组15个
腕屈伸	1组,每组15个
仰卧起坐	3组,每组力竭

第6天:篮球专项训练
投篮、传球、控球、低强度比赛

注:除第6天外,可在敏捷度训练日安排轻量篮球专项训练。

B.速度型

该类型组织后卫往往速度极快，突破能力以及把握攻防转换间对方防守漏洞的能力极强。因此，建议在制订计划时将自身的速度能力多样化，比如提升加速度、速度耐力以及启动速度等。此外，还可以在训练计划中加入较高强度的敏捷度训练，最大化自身在进攻端的杀伤力。注意，此时的力量训练应当完全围绕提高速度而选取相应合适的训练动作。

计划周期：8~12周
训练时间：休赛期
训练目标：强化多种速度能力。（405、406）

405

406

第1周:准备阶段
训练量:★★★★★
训练强度:★★

第1天:上肢力量训练	
平板窄距哑铃卧推	2组,每组15~20个
哑铃推举	2组,每组15~20个
引体向上	2组,每组15~20个
哑铃弯举	2组,每组15~20个
双杠臂屈伸	2组,每组15~20个

第2天:敏捷度训练	
蛇形跑练习	3组,每组1次
滑步练习	6组,每组1次
直角跑练习	3组,每组1次
背向跑	3组,每组1次
跨栏跑	3组,每组1次
篮球专项练习	投篮与控球

注:距离选择不应超过球场长度。

第3天:下肢力量训练	
站姿屈髋	2组,每组15~20个
箭步蹲	2组,每组15~20个
提踵	2组,每组15~20个
反向提踵	2组,每组15~20个
臀桥	2组,每组15~20个
卷腹	2组,每组15~20个
转体卷腹	2组,每组15~20个

第4天:速度训练	
1500米跑	2组,每组2次
400米跑	2组,每组2次

第5天:敏捷度训练	
梯形跳跃练习	4组,每组1次
转髋跳练习1	4组,每组1次
转髋跳练习2	4组,每组1次
反向运球训练	4组,每组1次
三秒区滑步练习	4组,每组1次
篮球专项练习	投篮与控球

注:可安插轻量篮球专项训练,与敏捷度训练放在同日进行。

第1天:速度专项训练	
400米跑	2组,每组1次
200米跑	2组,每组1次
40米跑	2组,每组1次

第2天:速度力量训练	
浅蹲	3组,每组8个
站姿屈髋	3组,每组8个
臀屈伸	3组,每组8个
箭步走	3组,每组40米
负重卷腹	3组,每组8个
负重举腿	3组,每组8个
负重转体卷腹	3组,每组8个

第3天:敏捷度训练	
蛇形跑练习	3组,每组1次
滑步练习	6组,每组1次
梯形跳跃练习	3组,每组1次
转髋跳练习1	3组,每组1次
转髋跳练习2	3组,每组1次
篮球专项练习	投篮与控球

注:距离选择不应超过球场长度。

第4天:速度专项训练	
自杀式折返跑	2组,每组1次
X跑	2组,每组1次
全场折返跑	2组,每组1次

第5天:敏捷度训练	
蛇形跑练习	3组,每组1次
滑步练习	6组,每组1次
梯形跳跃练习	3组,每组1次
转髋跳练习1	3组,每组1次
转髋跳练习2	3组,每组1次
篮球专项练习	投篮与控球

第6天:耐力专项训练	
胸式呼吸	2组,每组50次
游泳	1公里,1次
自行车	5公里,1次

注:可安插轻量篮球专项训练,与敏捷度训练放在同日进行。

第2~4周:速度增强阶段

训练量:★★★★★

训练强度:★★★

第5~8周:体能巩固阶段

训练量:★★★★

训练强度:★★★★★

第1天:速度专项训练	
全场跑	4组,每组1次
40米跑	3组,每组1次
60米跑	3组,每组1次

第2天:速度力量训练	
仰卧屈髋	2组,每组15个
站姿屈髋	2组,每组15个
臀屈伸	2组,每组15个
箭步走	2组,全场长度
卷腹	2组,每组力竭
举腿	2组,每组力竭
转体卷腹	2组,每组力竭
哑铃卧推	1组,15个
器械推举	1组,15个
反握引体向上	1组,力竭
挥臂练习	2组,每组100个
大步走练习	2组,全场长度

第3天:敏捷度训练	
滑步练习	6组,每组1次
跨栏跑练习	3组,每组1次
背向跑练习	3组,每组1次
背向运球练习	3组,每组1次
梯形跳练习	3组,每组1次
转髋跳练习1	3组,每组1次
直角跑练习	3组,每组1次
篮球专项训练	投篮与控球

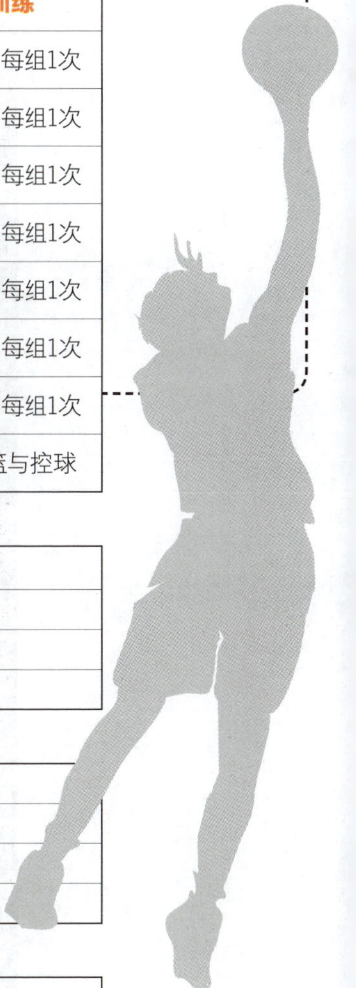

第4天:速度专项训练	
自杀式折返跑	2组,每组1次
X跑	2组,每组1次
17次折返跑	2组,每组1次

第5天:耐力专项训练	
腹式呼吸	2组,每组50次
游泳	1公里,1次
自行车	5公里,1次

第6天:篮球专项训练
投篮、传球、控球、低强度比赛

注:可安插轻量篮球专项训练,与敏捷度训练放在同日进行。

C.力量型

此类型组织后卫体重以及肌肉质量优势较明显，在攻防两端往往通过明显的力量优势与对手周旋。但肌肉以及力量过强，在一定程度上会限制球员耐力与敏捷度的发展。因此，在制定相应计划时我们更建议球员着重提高耐力以及身体的敏捷度，不再单独拿出额外的时间进行绝对力量的提高练习。

计划周期：8~12周
训练时间：休赛期
训练目标：强化耐力与敏捷度。（407、408）

407

408

第1周:准备阶段

训练量:★★★★★

训练强度:★★

第1天:全身力量训练	
平板哑铃卧推	2组,每组15~20个
哑铃推举	2组,每组15~20个
引体向上	2组,每组15~20个
哑铃弯举	1组,每组15~20个
双杠臂屈伸	1组,每组15~20个
负重卷腹	2组,每组15~20个

第2天:敏捷度训练	
蛇形跑练习	3组,每组1次
滑步练习	6组,每组1次
直角跑练习	3组,每组1次
背向跑	3组,每组1次
跨栏跑	3组,每组1次
篮球专项练习	投篮与控球

注:距离选择不应超过球场长度。

第3天:全身力量训练	
腿举	2组,每组15~20个
箭步蹲	2组,每组15~20个
提踵	2组,每组15~20个
反向提踵	2组,每组15~20个
臀桥	2组,每组15~20个
负重举腿	2组,每组15~20个
腕弯举	1组,每组15~20个
腕屈伸	1组,每组15~20个

第4天:耐力专项训练	
400米跑	4组,每组1次
17次折返跑	2组,每组1次

第5天:敏捷度训练	
梯形跳跃练习	4组,每组1次
转髋跳练习1	4组,每组1次
转髋跳练习2	4组,每组1次
反向运球训练	4组,每组1次
三秒区滑步练习	4组,每组1次
篮球专项练习	投篮与控球

注:可安插轻量篮球专项训练,与敏捷度训练放在同日进行。

第1天:耐力专项训练	
200米跑	5组,每组1次
17次折返跑米跑	3组,每组1次

第2天:全身力量训练	
腿举	2组,每组10个
腿弯举	2组,每组10个
平板杠铃卧推	2组,每组10个
引体向上	2组,每组10个
负重卷腹	2组,每组10个
负重举腿	2组,每组10个
器械推举	2组,每组10个
锤式弯举	2组,每组10个

第3天:敏捷度训练	
蛇形跑练习	3组,每组1次
滑步练习	6组,每组1次
梯形跳跃练习	3组,每组1次
转髋跳练习1	3组,每组1次
转髋跳练习2	3组,每组1次
篮球专项练习	投篮与控球

注:距离选择不应超过球场长度。

第4天:耐力专项训练	
自杀式折返跑	3组,每组1次
17次折返跑	3组,每组1次
全场折返跑	3组,每组1次

第5天:敏捷度训练	
蛇形跑练习	3组,每组1次
滑步练习	6组,每组1次
梯形跳跃练习	3组,每组1次
转髋跳练习1	3组,每组1次
转髋跳练习2	3组,每组1次
篮球专项练习	投篮与控球

注:距离选择不应超过球场长度。

第6天:耐力专项训练	
胸式呼吸	2组,每组50次
游泳	1公里,1次
自行车	5公里,1次

注:可安插轻量篮球专项训练,与敏捷度训练放在同日进行。

第2~4周:耐力与敏捷度增强阶段

训练量:★★★★★

训练强度:★★★

第5~8周:体能巩固阶段

训练量:★★★★

训练强度:★★★★★

第1天:耐力专项训练	
400米跑	4组,每组1次
40米跑	4组,每组1次

第2天:全身力量训练	
仰卧屈髋	2组,每组15个
臀屈伸	2组,每组15个
箭步走	2组,全场长度
卷腹	2组,每组力竭
举腿	2组,每组力竭
转体卷腹	2组,每组力竭
哑铃卧推	1组,15个
器械推举	1组,15个
反握引体向上	1组,力竭
腿举	2组,每组10个

第3天:敏捷度训练	
滑步练习	6组,每组1次
跨栏跑练习	3组,每组1次
背向跑练习	3组,每组1次
背向运球练习	3组,每组1次
梯形跳练习	3组,每组1次
转髋跳练习1	3组,每组1次
直角跑练习	3组,每组1次
篮球专项训练	投篮与控球

第4天:速度耐力训练	
自杀式折返跑	4组,每组1次
X跑	4组,每组1次
17次折返跑	4组,每组1次

第5天:敏捷度专项训练	
滑步练习	6组,每组1次
跨栏跑练习	3组,每组1次
背向跑练习	3组,每组1次
背向运球练习	3组,每组1次
梯形跳练习	3组,每组1次
转髋跳练习1	3组,每组1次
直角跑练习	3组,每组1次
篮球专项训练	投篮与控球

第6天:篮球专项训练
投篮、传球、控球、低强度比赛

注:可安插轻量篮球专项训练,与敏捷度训练放在同日进行。

D.身材高大型

此类型组织后卫身材较高大，在防守端面对比自己较矮，但突破速度相对更快的对手时往往显得力不从心。此时，我们可以根据球员自身的身材特点进行有针对性的训练。如球员又高又瘦、力量基础较为薄弱的，那么可以在训练中加强对于力量耐力以及绝对力量的提高，从而在一定程度上利用自身的身高与力量优势在攻防两端压制对手。如球员已经拥有一定的力量基础，但敏捷度、启动速度较差，对于快速变向突破毫无对策，那么应当在训练中安排较多的提高启动速度以及身体敏捷度的动作。

计划周期：8~12周
训练时间：休赛期
训练目标：强化敏捷度、速度与基础力量。（409、410）

409

410

第1周:准备阶段

训练量:★★★★★

训练强度:★★

第1天:上半身力量训练	
平板杠铃卧推	2组,每组15~20个
杠铃推举	2组,每组15~20个
坐姿划船	2组,每组15~20个
锤式弯举	2组,每组15~20个
窄握卧推	2组,每组15~20个
负重卷腹	2组,每组15~20个

第2天:敏捷度训练	
蛇形跑练习	3组,每组1次
滑步练习	6组,每组1次
直角跑练习	3组,每组1次
背向跑	3组,每组1次
跨栏跑	3组,每组1次
篮球专项练习	投篮与控球

注:距离选择不应超过球场长度。

第3天:下半身力量训练	
深蹲/全蹲	2组,每组15~20个
硬拉	2组,每组15~20个
提踵	2组,每组15~20个
反向提踵	2组,每组15~20个
站姿屈髋	2组,每组15~20个
负重举腿	2组,每组15~20个

第4天:速度专项训练	
40米跑	3组,每组1次
全场加速跑	3组,每组1次
阻力跑	3组,每组1次

第5天:敏捷度训练	
梯形跳跃练习	4组,每组1次
转髋跳练习1	4组,每组1次
转髋跳练习2	4组,每组1次
反向运球训练	4组,每组1次
三秒区滑步练习	4组,每组1次
篮球专项练习	投篮与控球

注:可安插轻量篮球专项训练,与敏捷度训练放在同日进行。

第1天：下半身训练	
深蹲/全蹲	3组，每组10个
腿举	3组，每组10个
硬拉	3组，每组10个
提踵	3组，每组10个
站姿屈髋	3组，每组10个

第2天：上半身力量训练	
下斜卧推	3组，每组10个
器械推举	3组，每组10个
坐姿下拉	3组，每组10个
肱三头肌臂屈伸	3组，每组10个
锤式弯举	3组，每组10个
负重举腿	3组，每组10个
负重卷腹	3组，每组10个
转体卷腹	3组，每组力竭

第3天：敏捷度训练	
蛇形跑练习	3组，每组1次
滑步练习	6组，每组1次
梯形跳跃练习	3组，每组1次
转髋跳练习1	3组，每组1次
转髋跳练习2	3组，每组1次
篮球专项练习	投篮与控球

注：距离选择不应超过球场长度。

第4天：下半身力量训练	
腿屈伸	2组，每组15~20个
腿弯举	2组，每组15~20个
反向提踵	2组，每组15~20个
卷腹	3组，每组力竭
仰卧举腿	3组，每组力竭
箭步走	3组，每组100米

第5天：敏捷度训练	
蛇形跑练习	3组，每组1次
滑步练习	6组，每组1次
梯形跳跃练习	3组，每组1次
转髋跳练习1	3组，每组1次
转髋跳练习2	3组，每组1次
篮球专项练习	投篮与控球

注：距离选择不应超过球场长度。

第6天：耐力专项训练	
胸式呼吸	2组，每组50次
游泳	1公里，1次
自行车	5公里，1次

注：可安插轻量篮球专项训练，与敏捷度训练放在同日进行。

第2~4周：力量增强阶段

训练量：★★★★

训练强度：★★★★

第5~8周:速度与敏捷度强化阶段

训练量:★★★★

训练强度:★★★★★

第1天:速度专项训练	
40米跑	4组,每组1次
阻力跑	4组,每组1次

第2天:全身力量训练	
仰卧屈髋	2组,每组15个
臀屈伸	2组,每组15个
箭步蹲	2组,每组15个
卷腹	2组,每组力竭
举腿	2组,每组力竭
转体卷腹	2组,每组力竭
坐姿推胸	1组,15个
器械推举	1组,15个
反握引体向上	1组,力竭

第3天:敏捷度训练	
滑步练习	6组,每组1次
跨栏跑练习	3组,每组1次
背向跑练习	3组,每组1次
背向运球练习	3组,每组1次
梯形跳练习	3组,每组1次
转髋跳练习1	3组,每组1次
直角跑练习	3组,每组1次
篮球专项训练	投篮与控球

第4天:速度耐力训练	
自杀式折返跑	3组,每组1次
X跑	3组,每组1次
17次折返跑	3组,每组1次

第5天:敏捷度专项训练	
滑步练习	6组,每组1次
跨栏跑练习	3组,每组1次
背向跑练习	3组,每组1次
背向运球练习	3组,每组1次
梯形跳练习	3组,每组1次
转髋跳练习1	3组,每组1次
直角跑练习	3组,每组1次
篮球专项训练	投篮与控球

第6天:篮球专项训练
投篮、传球、控球、低强度比赛

注:可安插轻量篮球专项训练,与敏捷度训练放在同日进行。

得分后卫是球场上最冷血的杀手，
他们的职责就是不断给予对手伤害，直到将其彻底杀死。

球队需求

⊙进攻发起者与终结者

在某些球队的进攻战术中，组织后卫仅仅起到一个传递球的作用，真正的进攻发起者却是得分后卫，利用自己的身体条件与攻击技巧撕破对手的防线，为队友创造机会。此外，得分后卫也是球队最后一击的选择，可以利用超强的得分能力终结对手的防御。

⊙防守对方主要得分手

既然得分后卫是一支球队的主要得分手，那么在防守端，他们自然要面对对方的主要得分手。如何利用自己的身体素质与防守经验封锁对手的进攻，是决定球队胜败的关键。

⊙极强的突破能力

一个没有突破能力的得分后卫好比没有牙齿的野狼，中看不中用，无法一层层撕开对手的防守。

⊙优秀的投射能力

得分后卫，顾名思义就是要得分，而投篮则是最传统的得分手段。

⊙全面的身体素质

得分后卫的身体素质一定要相对全面，不能有明显的弱点，否则无论是进攻端还是防守端都会给自身带来严重困扰。

身体素质特点

⊙敏捷度极高，突破能力强

相比组织后卫，得分后卫需要更强的敏捷度与“第一步”启动速度。

⊙控球能力优秀

大部分得分后卫需要有球在手里，自然要拥有优秀的控球能力。前臂与手腕释放力量的精准度则是做到这点的关键。

⊙投射能力极强

没有投射能力的得分后卫必须拥有超强的单兵防守能力，否则根本无法胜任这个位置。现如今的得分后卫中已经少有只靠防守打天下的“冷血杀手”。强大的手臂力量与身体协调性可以帮助你成为一名合格的“杀手”。

训练计划

A.投射型得分后卫

此类型得分后卫在进攻端主要依靠空手跑位，跑出空当后接球跳投直接进攻。他们的身体素质相对没有那么恐怖，但是自身的耐力水平以及与投射相关的肌肉群往往较为发达。因此，在制订训练计划时，我们建议围绕提高耐力以及身体敏捷度进行，辅以一定的力量或爆发力训练，使球员可以在攻防两端有更多的选择。

计划周期：8周
训练时间：休赛期
训练目标：巩固耐力与身体敏捷度，提高基础力量。(411、412)

411

12

第1周:准备阶段
训练量:★★★★★
训练强度:★★

第1天:举重训练	
高翻	3组,每组15~20个
高抓	3组,每组15~20个
借力推举	3组,每组15~20个
两头起	3组,每组力竭
下斜仰卧起坐	3组,每组力竭

第2天:敏捷度训练	
蛇形跑练习	3组,每组1次
滑步练习	6组,每组1次
直角跑练习	3组,每组1次
背向跑	3组,每组1次
跨栏跑	3组,每组1次
篮球专项练习	多种投篮练习

注:距离选择不应超过球场长度。

第3天:耐力训练	
17次折返跑	3组,每组1次
纵向6次折返跑	3组,每组1次
Z跑练习	3组,每组1次

第4天:举重训练	
高翻挺	3组,每组15~20个
高抓	3组,每组15~20个
支撑深蹲	3组,每组15~20个
负重仰卧起坐	3组,每组15~20个
悬垂举腿	3组,每组15~20个

第5天:敏捷度训练	
梯形跳跃练习	4组,每组1次
转髋跳练习1	4组,每组1次
转髋跳练习2	4组,每组1次
反向运球训练	4组,每组1次
三秒区滑步练习	4组,每组1次
篮球专项练习	多种投篮练习

注:轻量篮球专项训练,与敏捷度训练放在同日进行。

第1天:举重训练	
高翻	2组,每组8个
高抓	2组,每组8个
支撑深蹲	2组,每组8个
借力推举	2组,每组8个
篮球专项练习	跳投练习

第2天:敏捷度训练	
蛇形跑练习	3组,每组1次
滑步练习	6组,每组1次
梯形跳跃练习	3组,每组1次
转髋跳练习1	3组,每组1次
转髋跳练习2	3组,每组1次
篮球专项练习	接球跳投或行进间跳投练习

注:距离选择不应超过球场长度。

第3天:爆发力训练	
弹力带冲拳练习	3组,每组15~20个
击掌俯卧撑	3组,每组力竭
增强式击掌俯卧撑	3组,每组15~20个
握力练习	3组,每组15~20个
篮球专项练习	跳投练习

第4天:敏捷度训练	
蛇形跑练习	3组,每组1次
滑步练习	6组,每组1次
梯形跳跃练习	3组,每组1次
转髋跳练习1	3组,每组1次
转髋跳练习2	3组,每组1次
篮球专项练习	接球跳投或行进间跳投练习

注:距离选择不应超过球场长度。

第5天:耐力训练	
17次折返跑练习	3组,每组1次
自杀式折返跑练习	3组,每组1次
蛇形跑练习	3组,每组1次
篮球专项练习	定点跳投练习

第2~4周:爆发力增强阶段

训练量:★★★★

训练强度:★★★★

第5~8周:耐力与敏捷度强化阶段

训练量:★★★★

训练强度:★★★★★

第1天:耐力训练	
17次折返跑练习	3组,每组1次
自杀式折返跑练习	3组,每组1次
蛇形跑练习	3组,每组1次
篮球专项练习	定点跳投练习

第2天:爆发力训练	
弹力带冲拳练习	2组,每组15个
击掌式俯卧撑	2组,每组力竭
高翻挺	2组,每组15个
卷腹	2组,每组力竭
举腿	2组,每组力竭
篮球专项练习	跳投练习

第3天:敏捷度训练	
滑步练习	6组,每组1次
跨栏跑练习	3组,每组1次
背向跑练习	3组,每组1次
背向运球练习	3组,每组1次
梯形跳练习	3组,每组1次
转髋跳练习1	3组,每组1次
直角跑练习	3组,每组1次
篮球专项训练	接球跳投或行进间跳投练习

第4天:耐力训练	
17次折返跑练习	3组,每组1次
自杀式折返跑练习	3组,每组1次
蛇形跑练习	3组,每组1次
篮球专项练习	定点跳投练习

第5天:敏捷度专项训练	
滑步练习	6组,每组1次
跨栏跑练习	3组,每组1次
背向跑练习	3组,每组1次
背向运球练习	3组,每组1次
梯形跳练习	3组,每组1次
转髋跳练习1	3组,每组1次
直角跑练习	3组,每组1次
篮球专项训练	接球跳投或行进间跳投练习

第6天:篮球专项训练
培养进攻战术的低强度比赛

B.全面进攻型得分后卫

此类型得分后卫拥有万花筒般的进攻手段，单打、突破、投篮都是他们的特长。这就意味着球员自身必须具备较为全面的运动能力，耐力、力量、敏捷与爆发力缺一不可。在制订训练计划时，我们应当根据不同的训练时期制定有针对性的计划。

计划周期：整个赛季
训练时间：赛季期
训练目标：维持多种运动能力。（413、414）

413

训练量:★★★

训练强度:★★

第1天:功能性力量训练	
高翻	2组,每组15~20个
高抓	2组,每组15~20个
臀屈伸	2组,每组15~20个
引体向上	2组,每组15~20个
器械推举	2组,每组15~20个
锤式弯举	2组,每组15~20个
卷腹	3组,每组力竭

第2天:敏捷度训练	
蛇形跑练习	3组,每组1次
滑步练习	6组,每组1次
直角跑练习	3组,每组1次
背向跑	3组,每组1次

注:距离选择不应超过球场长度。

第3天:速度训练(可选)	
蛇形跑练习	3组,每组1次
全场加速跑练习	3组,每组1次
阻力跑练习	3组,每组1次

注:距离选择不应超过球场长度。

作为球场上最全能的战士，小前锋不仅需要具备保护球队侧翼防守的能力，更应当在进攻端具备插上快攻的能力。
如此一来，你的各项身体素质必须都具备一定水准，不能有明显的偏差，否则便无法胜任这个职位。
可以说，小前锋与中锋是球场上对于身体素质要求最高的两个位置，没有身体优势会让你举步维艰，发挥极大受限。

球队需求

⊙侧翼突击手

身体素质优秀、突破能力极强的小前锋往往是球队在进攻端对侧翼发起攻击的首选。

⊙防止对手从侧翼突破

在防守端，小前锋需要担起防守侧翼的重任。

⊙优秀的防守能力

作为小前锋，必须具备兼顾内外线防守、快速移动补位的极强防守能力。

⊙一定的突破能力

作为小前锋，如果你在进攻端只能奉献策应、定点投射，会让球队的侧翼突破能力大大受损。

⊙较强的快攻能力

快攻能力强不仅是单纯的速度快、奔跑能力强，更重要的是在快攻时可以很好地把握机会，否则不但浪费进攻机会，更会拖慢整支球队的进攻速度。

身体素质特点

⊙弹跳力与速度占优

小前锋必须具备极强的弹跳力，否则不足以在争抢篮板球时给予内线一定的帮助。此外，速度占优主要是相对于同位置球员而言，以便可以在攻防两端，特别是快速攻防的转换阶段占据优势。

⊙敏捷度较高，防守突破能力强

小前锋需要承担侧翼较大的防守压力，甚至有时会错位盯防对方的箭头人物，即得分后卫。此时你必须具备较高的敏捷度，才可以应付对手变幻莫测的突破变向进攻。

⊙往返耐力优秀

小前锋在攻防转换时往往承担先锋官的角色，因此你必须具备强大的速度耐力与力量耐力。

⊙一定的体重与力量基础

小前锋有时需要兼顾内线防守，特别是当己方阵线出现漏洞时，往往需要错位盯防对方的内线球员。此时你的体重与力量基础便显得十分重要。

训练计划

A.防守型

此类型的小前锋往往具备超人一等的运动能力：有的是力量强悍，对抗能力十分出色；有的则是爆发力惊人，弹跳与速度无一不使人胆寒。在制定训练计划时，我们需要根据球员自身的弱点进行相应的补足。比如力量较弱、爆发力较强的球员需以力量训练为主，爆发力训练为辅。此外，球员还需加入一定量的敏捷度训练，因为对于防守型小前锋而言，极强的身体灵敏度是锁死对方突破尖刀的必备武器。

计划周期：8周
训练时间：休赛期
训练目标：提高力量、爆发力与敏捷度。（415 、416）

第1周:准备阶段

训练量:★★★★★

训练强度:★★

第1天:举重训练	
高翻	2组,每组15~20个
高抓	2组,每组15~20个
借力推举	2组,每组15~20个
两头起	2组,每组力竭
下斜仰卧起坐	2组,每组力竭

第2天:敏捷度训练	
蛇形跑练习	3组,每组1次
滑步练习	6组,每组1次
直角跑练习	3组,每组1次
背向跑	3组,每组1次
跨栏跑	3组,每组1次
篮球专项练习	防守与快攻

注:距离选择不应超过球场长度。

第3天:上半身力量训练	
半程卧推	2组,每组15~20个
引体向上	2组,每组15~20个
弹力带冲拳练习	2组,每组15~20个
弹力带弯举	2组,每组15~20个
负重卷腹	2组,每组15~20个
悬垂举腿	2组,每组15~20个

第4天:举重训练	
高翻	2组,每组15~20个
高抓	2组,每组15~20个
支撑深蹲	2组,每组15~20个
负重仰卧起坐	2组,每组15~20个
悬垂举腿	2组,每组15~20个

第5天:敏捷度训练	
梯形跳跃练习	4组,每组1次
转髋跳练习1	4组,每组1次
转髋跳练习2	4组,每组1次
反向运球训练	4组,每组1次
三秒区滑步练习	4组,每组1次
篮球专项练习	防守与快攻

注:可安插轻量篮球专项训练,与敏捷度训练放在同日进行。

第1天：下半身力量训练	
弹力带深蹲/全蹲	5组，每组5个
箱式深蹲	5组，每组5个
支撑深蹲	5组，每组5个
负重卷腹	3组，每组15~20个
负重举腿	3组，每组15~20个

第2天：敏捷度训练	
蛇形跑练习	3组，每组1次
滑步练习	6组，每组1次
梯形跳跃练习	3组，每组1次
转髋跳练习1	3组，每组1次
转髋跳练习2	3组，每组1次

注：距离选择不应超过球场长度。

第3天：爆发力训练	
弹力带冲拳练习	3组，每组15~20个
击掌俯卧撑	3组，每组力竭
增强式击掌俯卧撑	3组，每组15~20个
借力推举	3组，每组15~20个

第4天：下半身力量训练	
腿举	5组，每组5个
哈克深蹲	5组，每组5个
腿弯举	5组，每组5个
提踵	3组，每组15~20个
反向提踵	3组，每组15~20个

注：距离选择不应超过球场长度。

第5天：耐力训练	
17次折返跑练习	3组，每组1次
自杀式折返跑练习	3组，每组1次
蛇形跑练习	3组，每组1次

第2~4周：力量增强阶段

训练量：★★★

训练强度：★★★★★

第5~8周:爆发力强化阶段

训练量:★★★

训练强度:★★★★★

第1天:下半身力量训练	
浅蹲	3组,每组15~20个
前蹲	3组,每组15~20个
支撑深蹲	3组,每组15~20个
负重下斜卷腹	3组,每组15~20个
负重举腿	3组,每组15~20个

第2天:敏捷度训练	
滑步练习	6组,每组1次
跨栏跑练习	3组,每组1次
背向跑练习	3组,每组1次
背向运球练习	3组,每组1次
梯形跳练习	3组,每组1次
转髋跳练习1	3组,每组1次
直角跑练习	3组,每组1次

第3天:爆发力训练	
弹力带冲拳练习	2组,每组15个
击掌式俯卧撑	2组,每组力竭
高翻挺	2组,每组15个
卷腹	2组,每组力竭
举腿	2组,每组力竭
高抓	2组,每组15个
直角跑练习	3组,每组1次
篮球专项训练	投篮与控球

第4天:耐力训练	
17次折返跑练习	3组,每组1次
自杀式折返跑练习	3组,每组1次
蛇形跑练习	3组,每组1次

第5天:举重训练	
高翻	10组,每组1次
高抓	10组,每组1次
负重下斜仰卧起坐	3组,每组力竭
负重举腿	3组,每组力竭

第6天:篮球专项训练
防守与快攻

B.全能型

此类型的小前锋运动能力较为全面，但是往往无法与防守型小前锋相提并论。他们的优势在于进攻能力更加出色，特别是对于攻防转换间对手奉献的漏洞，更是几乎不会放过。因此，在制定针对性训练计划时，除了保证多种运动能力均衡发展外，还需要特殊强化敏捷度与耐力。

计划周期：整个赛季
训练时间：赛季期
训练目标：维持运动能力，强化敏捷度。(417、418)

417

418

训练量：★★★
训练强度：★★

第1天:敏捷度训练	
滑步练习	10组,每组1次
直角跑练习	2组,每组1次
背向跑	2组,每组1次

注:距离选择不应超过球场长度。

第2天:爆发力训练	
高翻	5组,每组3次
高抓	5组,每组3次
借力推举	5组,每组3次

第3天:敏捷度训练	
滑步练习	10组,每组1次
直角跑练习	2组,每组1次
背向跑	2组,每组1次

C.投射型

此类型的小前锋与相同类型的得分后卫类似，在训练计划方面也可进行相应的借鉴。

计划周期：8周

训练时间：休赛期

训练目标：巩固耐力与身体敏捷度，提高基础力量。（419、420）

419

420

第1周：准备阶段
训练量：★★★★★
训练强度：★★

第1天：举重训练	
高翻	3组，每组15~20个
高抓	3组，每组15~20个
借力推举	3组，每组15~20个
两头起	3组，每组力竭
下斜仰卧起坐	3组，每组力竭

第2天：敏捷度训练	
蛇形跑练习	3组，每组1次
滑步练习	6组，每组1次
直角跑练习	3组，每组1次
背向跑	3组，每组1次
跨栏跑	3组，每组1次
篮球专项练习	多种投篮练习

注：距离选择不应超过球场长度。

第3天：耐力训练	
17次折返跑	3组，每组1次
纵向6次折返跑	3组，每组1次
Z跑练习	3组，每组1次

第4天：举重训练	
高翻挺	3组，每组15~20个
高抓	3组，每组15~20个
支撑深蹲	3组，每组15~20个
负重仰卧起坐	3组，每组15~20个
悬垂举腿	3组，每组15~20个

第5天：敏捷度训练	
梯形跳跃练习	4组，每组1次
转髋跳练习1	4组，每组1次
转髋跳练习2	4组，每组1次
反向运球训练	4组，每组1次
三秒区滑步练习	4组，每组1次
篮球专项练习	多种投篮练习

注：可安插轻量篮球专项训练，与敏捷度训练放在同日进行。

第1天:举重训练	
高翻	2组,每组8个
高抓	2组,每组8个
支撑深蹲	2组,每组8个
借力推举	2组,每组8个
篮球专项练习	跳投练习

第2天:敏捷度训练	
蛇形跑练习	3组,每组1次
滑步练习	6组,每组1次
梯形跳跃练习	3组,每组1次
转髋跳练习1	3组,每组1次
转髋跳练习2	3组,每组1次
篮球专项练习	接球跳投或行进间跳投练习

注:距离选择不应超过球场长度。

第3天:爆发力训练	
弹力带冲拳练习	3组,每组15~20个
击掌俯卧撑	3组,每组力竭
增强式击掌俯卧撑	3组,每组15~20个
握力练习	3组,每组15~20个
篮球专项练习	跳投练习

第4天:敏捷度训练	
蛇形跑练习	3组,每组1次
滑步练习	6组,每组1次
梯形跳跃练习	3组,每组1次
转髋跳练习1	3组,每组1次
转髋跳练习2	3组,每组1次
篮球专项练习	接球跳投或行进间跳投练习

注:距离选择不应超过球场长度。

第5天:耐力训练	
17次折返跑练习	3组,每组1次
自杀式折返跑练习	3组,每组1次
蛇形跑练习	3组,每组1次
篮球专项练习	定点跳投练习

第2~4周:爆发力增强阶段

训练量:★★★★

训练强度:★★★★

第5~8周：耐力与敏捷度强化阶段

训练量：★★★★

训练强度：★★★★★

第1天：耐力训练	
17次折返跑练习	3组，每组1次
自杀式折返跑练习	3组，每组1次
蛇形跑练习	3组，每组1次
篮球专项练习	定点跳投练习

第2天：爆发力训练	
弹力带冲拳练习	2组，每组15个
击掌式俯卧撑	2组，每组力竭
高翻挺	2组，每组15个
卷腹	2组，每组力竭
举腿	2组，每组力竭
篮球专项练习	跳投练习

第3天：敏捷度训练	
滑步练习	6组，每组1次
跨栏跑练习	3组，每组1次
背向跑练习	3组，每组1次
背向运球练习	3组，每组1次
梯形跳练习	3组，每组1次
转髋跳练习1	3组，每组1次
直角跑练习	3组，每组1次
篮球专项训练	接球跳投或行进间跳投练习

第4天：耐力训练	
17次折返跑练习	3组，每组1次
自杀式折返跑练习	3组，每组1次
蛇形跑练习	3组，每组1次
篮球专项练习	定点跳投练习

第5天：敏捷度专项训练	
滑步练习	6组，每组1次
跨栏跑练习	3组，每组1次
背向跑练习	3组，每组1次
背向运球练习	3组，每组1次
梯形跳练习	3组，每组1次
转髋跳练习1	3组，每组1次
直角跑练习	3组，每组1次
篮球专项训练	接球跳投或行进间跳投练习

第6天：篮球专项训练
培养进攻战术的低强度比赛

大前锋是一支球队中最强力的悍将。
在防守端，他是中锋身边最后一道防线，
与球队的定海神针共同组成“禁飞区”。
在进攻端，他负责为中锋拉开进攻空间，
随时准备争抢任何一丝可能得分的进攻机会。
而一些得分能力极强的大前锋，
甚至成为许多球队内线进攻的发起者或终结者。

球队需求

⊙内线保护者

大前锋与中锋一起共同保护球队的“心脏”。

⊙篮板球争夺者

在攻防两端，大前锋都不能错过任何一个可能的篮板球机会。

⊙优秀的补防能力

当对方的突击手快速撕裂防线后，大前锋必须具备一定的补防能力，特别是在面对侧翼突破时，情况更是尤为明显。

⊙一对一防守能力

大前锋必须具备一定的一对一背身防守能力。

⊙一定的得分能力

如果你不甘于成为一名蓝领，也想在进攻端为球队做出贡献。那么投篮与背身单打技术必须足够纯熟，否则不足以做到攻城拔寨。

身体素质特点

⊙弹跳力出色

大前锋需要具备出色的弹跳力，以便在攻防两端都能起到一定的震慑作用。

⊙力量十足

力量不足会使大前锋在防守端显得捉襟见肘。

⊙卡位与拼抢能力优秀

强大的力量耐力是支撑大前锋在卡位与拼抢时处于上风的重要身体素质。

⊙极强的封盖能力

没有封盖能力的大前锋是球队在防守端最大的漏洞。

训练计划

A.防守型

此类型的大前锋与同类型的小前锋类似，在训练计划方面也可进行相应的借鉴。

计划周期：8周

训练时间：休赛期

训练目标：提高力量、爆发力与敏捷度。（421、422）

421

4.2.2

第1周:准备阶段
训练量:★★★★★
训练强度:★★

第1天:举重训练	
高翻	2组,每组15~20个
高抓	2组,每组15~20个
借力推举	2组,每组15~20个
两头起	2组,每组力竭
下斜仰卧起坐	2组,每组力竭

第2天:敏捷度训练	
蛇形跑练习	3组,每组1次
滑步练习	6组,每组1次
直角跑练习	3组,每组1次
背向跑	3组,每组1次
跨栏跑	3组,每组1次
篮球专项练习	防守与快攻

注:距离选择不应超过球场长度。

第3天:上半身力量训练	
半程卧推	2组,每组15~20个
引体向上	2组,每组15~20个
弹力带冲拳练习	2组,每组15~20个
弹力带弯举	2组,每组15~20个
负重卷腹	2组,每组15~20个
悬垂举腿	2组,每组15~20个

第4天:举重训练	
高翻	2组,每组15~20个
高抓	2组,每组15~20个
支撑深蹲	2组,每组15~20个
负重仰卧起坐	2组,每组15~20个
悬垂举腿	2组,每组15~20个

第5天:敏捷度训练	
梯形跳跃练习	4组,每组1次
转髋跳练习1	4组,每组1次
转髋跳练习2	4组,每组1次
反向运球训练	4组,每组1次
三秒区滑步练习	4组,每组1次
篮球专项练习	防守与快攻

第1天:下半身力量训练	
弹力带深蹲/全蹲	5组,每组5个
箱式深蹲	5组,每组5个
支撑深蹲	5组,每组5个
负重卷腹	3组,每组15~20个
负重举腿	3组,每组15~20个

第2天:敏捷度训练	
蛇形跑练习	3组,每组1次
滑步练习	6组,每组1次
梯形跳跃练习	3组,每组1次
转髋跳练习1	3组,每组1次
转髋跳练习2	3组,每组1次

注:距离选择不应超过球场长度。

第3天:爆发力训练	
弹力带冲拳练习	3组,每组15~20个
击掌俯卧撑	3组,每组力竭
增强式击掌俯卧撑	3组,每组15~20个
借力推举	3组,每组15~20个

第4天:下半身力量训练	
腿举	5组,每组5个
哈克深蹲	5组,每组5个
腿弯举	5组,每组5个
提踵	3组,每组15~20个
反向提踵	3组,每组15~20个

注:距离选择不应超过球场长度。

第5天:耐力训练	
17次折返跑练习	3组,每组1次
自杀式折返跑练习	3组,每组1次
蛇形跑练习	3组,每组1次

第2~4周:力量增强阶段

训练量:★★★

训练强度:★★★★★

第5~8周:爆发力强化阶段

训练量:★★★

训练强度:★★★★★

第1天:下半身力量训练	
浅蹲	3组,每组15~20个
前蹲	3组,每组15~20个
支撑深蹲	3组,每组15~20个
负重下斜卷腹	3组,每组15~20个
负重举腿	3组,每组15~20个

第2天:敏捷度训练	
滑步练习	6组,每组1次
跨栏跑练习	3组,每组1次
背向跑练习	3组,每组1次
背向运球练习	3组,每组1次
梯形跳练习	3组,每组1次
转髋跳练习1	3组,每组1次
直角跑练习	3组,每组1次

第3天:爆发力训练	
弹力带冲拳练习	2组,每组15个
击掌式俯卧撑	2组,每组力竭
高翻挺	2组,每组15个
卷腹	2组,每组力竭
举腿	2组,每组力竭
高抓	2组,每组15个
直角跑练习	3组,每组1次
篮球专项训练	投篮与控球

第4天:耐力训练	
17次折返跑练习	3组,每组1次
自杀式折返跑练习	3组,每组1次
蛇形跑练习	3组,每组1次

第5天:举重训练	
高翻	10组,每组1次
高抓	10组,每组1次
负重下斜仰卧起坐	3组,每组力竭
负重举腿	3组,每组力竭

第6天:篮球专项训练
防守与快攻

B.全能型

此类型的大前锋与同类型的小前锋类似，唯一不同之处在于全能型大前锋因为身材的缘故，需要更加关注针对身体敏捷度的训练。

计划周期：整个赛季
训练时间：赛季期
训练目标：维持运动能力，强化敏捷度。
（423、424）

423

424

训练量：★★★★★
训练强度：★★

第1天：敏捷度训练	
滑步练习	10组，每组1次
直角跑练习	2组，每组1次
蛇形跑练习	2组，每组1次

注：距离选择不应超过球场长度。

第2天：敏捷度训练	
哑铃卧推	2组，每组10个
腿举	2组，每组10个
引体向上	2组，每组10个
GHR	2组，每组10个
锤式弯举	1组，每组10个
双杠臂屈伸	1组，每组10个
腕弯举	1组，每组10个
腕屈伸	1组，每组10个

第3天：敏捷度训练	
滑步练习	10组，每组1次
直角跑练习	2组，每组1次
蛇形跑练习	2组，每组1次

C.投射型

此类型的大前锋与同类型的小前锋类似，唯一不同之处在于投射型大前锋因为身材的缘故，需要更加关注针对身体敏捷度与耐力的训练。

计划周期：8周
训练时间：休赛期
训练目标：巩固耐力与身体敏捷度，提高基础力量。
（425、426）

425

426

第1周：准备阶段
训练量：★★★★★
训练强度：★★

第1天：举重训练	
高翻	2组，每组15~20个
高抓	2组，每组15~20个
借力推举	2组，每组15~20个
两头起	2组，每组力竭
下斜仰卧起坐	2组，每组力竭

第2天：敏捷度训练	
蛇形跑练习	4组，每组1次
滑步练习	6组，每组1次
直角跑练习	4组，每组1次
篮球专项练习	多种投篮练习

注：距离选择不应超过球场长度。

第3天：上半身力量训练	
17次折返跑	4组，每组1次
纵向6次折返跑	4组，每组1次
Z跑练习	4组，每组1次

第4天：举重训练	
高翻挺	2组，每组15~20个
高抓	2组，每组15~20个
支撑深蹲	2组，每组15~20个
负重仰卧起坐	2组，每组15~20个
悬垂举腿	2组，每组15~20个

第5天：敏捷度训练	
梯形跳跃练习	3组，每组1次
转髋跳练习1	3组，每组1次
转髋跳练习2	3组，每组1次
三秒区滑步练习	3组，每组1次
篮球专项练习	多种投篮练习

注：可安插轻量篮球专项训练，与敏捷度训练放在同日进行。

第1天：举重训练	
高翻	2组，每组8个
高抓	2组，每组8个
借力推举	2组，每组8个
篮球专项练习	跳投练习

第2天：敏捷度训练	
蛇形跑练习	4组，每组1次
滑步练习	6组，每组1次
梯形跳跃练习	2组，每组1次
转髋跳练习1	2组，每组1次
转髋跳练习2	2组，每组1次
篮球专项练习	接球跳投或行进间跳投练习

注：距离选择不应超过球场长度。

第3天：爆发力训练	
弹力带冲拳练习	3组，每组15~20个
击掌式俯卧撑练习	3组，每组力竭
握力练习	3组，每组15~20个
篮球专项练习	跳投练习

第4天：下半身力量训练	
蛇形跑练习	4组，每组1次
滑步练习	6组，每组1次
梯形跳跃练习	2组，每组1次
转髋跳练习1	2组，每组1次
转髋跳练习2	2组，每组1次
篮球专项练习	接球跳投或行进间跳投练习

注：距离选择不应超过球场长度。

第5天：耐力训练	
17次折返跑练习	4组，每组1次
自杀式折返跑练习	4组，每组1次
蛇形跑练习	4组，每组1次
篮球专项练习	定点跳投练习

第2~4周：力量增强阶段

训练量：★★★★

训练强度：★★★★

第5~8周:爆发力强化阶段

训练量:★★★★

训练强度:★★★★★

第1天:耐力训练	
17次折返跑练习	4组,每组1次
自杀式折返跑练习	4组,每组1次
蛇形跑练习	4组,每组1次
篮球专项练习	定点跳投练习

第2天:爆发力训练	
弹力带冲拳练习	2组,每组15个
击掌式俯卧撑	2组,每组力竭
高翻	2组,每组8个
卷腹	2组,每组力竭
举腿	2组,每组力竭
篮球专项练习	跳投练习

第3天:敏捷度训练	
滑步练习	10组,每组1次
梯形跳练习	2组,每组1次
转髋跳练习1	2组,每组1次
直角跑练习	3组,每组1次
篮球专项训练	接球跳投或行进间跳投练习

第4天:耐力训练	
17次折返跑练习	4组,每组1次
自杀式折返跑练习	4组,每组1次
蛇形跑练习	4组,每组1次
篮球专项练习	定点跳投练习

第5天:举重训练	
滑步练习	10组,每组1次
梯形跳练习	2组,每组1次
转髋跳练习1	2组,每组1次
直角跑练习	3组,每组1次
篮球专项训练	接球跳投或行进间跳投练习

第6天:篮球专项训练
培养进攻战术的低强度比赛

中锋是一支球队的定海神针，在攻防两端他都是最重要的组成部分。虽然现如今的篮球演变对于中锋的需求越来越少，但拥有一个优秀的中锋会让球队很多复杂的问题简单化。

球队需求

⊙内线保护者

中锋是最接近篮筐的球员，也是球队最后一道防线，必须具备足够的能力保障球队内线，迫使对手尽可能在离篮筐远的地方出手。

⊙篮板球争夺者

与大前锋一样，中锋是球队篮板球的主要负责者。并且其位置相比大前锋更加靠近篮筐，对于篮板球的控制能力也更具优势。

⊙优秀的补防能力

在对手快速突破撕裂防线时，中锋必须具备极强的补防能力，特别是在面对正面直杀入篮下时，情况尤为明显。

⊙一对一防守能力

你必须具备强大的一对一防守能力，特别是能够抵御对手的背身单打。

⊙内线进攻发起者

当球队陷入对手的联防阵地时，中锋往往是破解难题的关键。他不仅是球队进攻的终极选择之一，更是内线进攻的重要发起者。

身体素质特点

⊙力量十分强悍

中锋必须具备球场上最优秀的力量水平，否则很难在禁区内塑造天然屏障。

⊙弹跳力较好

中锋不需要具备极强的弹跳高度，因为其自身的身高与臂展已经很占优势。中锋需要拥有的是一定的弹跳速度，以便在争抢篮板球时可以快人一步。

⊙卡位与拼抢能力优秀

强大的力量耐力与绝对力量是确保出色卡位与拼抢能力的关键。

⊙极强的封盖能力

作为内线的屏障，你必须具备极强的封盖能力，而弹跳速度、体重、臂展与力量则是组成极强封盖能力的重要身体素质。

训练计划

A.防守型

此类型的中锋往往具备十分优秀的运动能力。其弹跳力优秀，力量足够，速度甚至不弱于前锋。在制定针对性的体能训练计划时，我们建议球员以耐力练习为主。因为中锋本身由于身材的缘故，耐力就是一个比较明显的短板。更加之防守型中锋本身对于运动能力的依赖程度，提高耐力使其可以尽可能长时间释放自己的“恐怖能力”。

计划周期：12周
训练时间：赛季前
训练目标：储备体能、提高耐力水平、维持力量与爆发力。（427、428）

427

428

第1周:准备阶段
训练量:★★★★★
训练强度:★★

第1天:耐力训练	
400米跑	5组,每组1次

第2天:耐力训练	
40米跑	10组,每组1次

第3天:上半身力量训练	
半程卧推	2组,每组15~20个
杠铃划船	2组,每组15~20个
弹力带冲拳练习	2组,每组15~20个
弹力带弯举	2组,每组15~20个
负重卷腹	2组,每组15~20个

第4天:举重训练	
高翻	2组,每组15~20个
高抓	2组,每组15~20个
负重仰卧起坐	2组,每组15~20个

第5天:敏捷度训练	
梯形跳跃练习	3组,每组1次
转髋跳练习1	3组,每组1次
转髋跳练习2	3组,每组1次
三秒区滑步练习	3组,每组1次

第1天:耐力训练	
40米跑	4组,每组1次
60米跑	4组,每组1次
200米跑	2组,每组1次

第2天:上半身力量训练	
借力推举	5组,每组5个
半程卧推	5组,每组5个
负重卷腹	3组,每组15~20个

第3天:爆发力训练	
蛇形跑练习	2组,每组1次
滑步练习	4组,每组1次
梯形跳跃练习	2组,每组1次
转髋跳练习1	2组,每组1次
转髋跳练习2	2组,每组1次

注:距离选择不应超过球场长度。

第4天:下半身力量训练	
17次折返跑	4组,每组1次
自杀式折返跑	4组,每组1次
6次折返跑	4组,每组1次

注:距离选择不应超过球场长度。

第5天:耐力训练	
蛇形跑练习	2组,每组1次
滑步练习	4组,每组1次
梯形跳跃练习	2组,每组1次
转髋跳练习1	2组,每组1次

第2~6周:体能储备阶段

训练量:★★★★★

训练强度:★★★★★

第7~12周:体能维持阶段

训练量:★★★

训练强度:★★★★

第1天:上半身力量训练	
半程卧推	3组,每组3个
借力推举	3组,每组3个
杠铃划船	3组,每组10个
锤式弯举	3组,每组10个
负重下斜卷腹	3组,每组15~20个

第2天:敏捷度训练	
滑步练习	6组,每组1次
梯形跳练习	3组,每组1次
转髋跳练习1	3组,每组1次
直角跑练习	3组,每组1次

第3天:耐力训练	
17次折返跑练习	3组,每组1次
自杀式折返跑练习	3组,每组1次
蛇形跑练习	3组,每组1次

第4天:举重训练	
高翻	10组,每组1次
高抓	10组,每组1次
负重下斜仰卧起坐	3组,每组力竭

第5天:耐力训练	
X跑练习	3组,每组1次
6次折返跑练习	3组,每组1次
蛇形跑练习	3组,每组1次

第6天:篮球专项训练
防守与快攻

B.力量型

此类型的中锋是球场上块头最大的那一个。不要试图去与其硬扛，否则你会收到“耻辱性”的答案。力量型中锋的速度与敏捷度相对较差，这也是一些球员击败他们所选择的主要突破点。因此，在制定针对性的体能训练计划时，我们建议球员以速度、敏捷度与耐力训练为主，力量练习只作为平时的基础训练即可。

计划周期：8周
训练时间：休赛期
训练目标：提高速度、耐力与敏捷度，维持力量水平。（429、430）

429

430

第1周:准备阶段

训练量:★★★★★

训练强度:★★

第1天:速度训练	
40米跑练习	4组,每组1次
全场加速跑练习	4组,每组1次
阻力跑练习	4组,每组1次

第2天:敏捷度训练	
蛇形跑练习	3组,每组1次
滑步练习	6组,每组1次
直角跑练习	3组,每组1次

注:距离选择不应超过球场长度。

第3天:全身力量循环训练	
浅蹲	15~20个
半程卧推	15~20个
卷腹	15~20个
坐姿划船	15~20个
臀桥	15~20个

注:动作间无休息,所有动作做完一次为一个循环,每个循环间休息30秒,做四个循环。

第4天:速度训练	
17次折返跑练习	3组,每组1次
直角跑练习	3组,每组1次
X跑练习	3组,每组1次

第5天:敏捷度训练	
梯形跳跃练习	3组,每组1次
转髋跳练习1	3组,每组1次
转髋跳练习2	3组,每组1次
三秒区滑步练习	4组,每组1次

注:可安插轻量篮球专项训练,与敏捷度训练放在同日进行。

第1天：速度训练	
全场加速跑练习	10组，每组1次

第2天：敏捷度训练	
蛇形跑练习	3组，每组1次
滑步练习	6组，每组1次
梯形跳跃练习	2组，每组1次
转髋跳练习1	2组，每组1次
转髋跳练习2	2组，每组1次
篮球专项练习	接球跳投或行进间跳投练习

注：距离选择不应超过球场长度。

第3天：全身力量循环训练	
浅蹲	12~15个
半程卧推	12~15个
卷腹	12~15个
坐姿划船	12~15个
臀桥	12~15个

注：动作间无休息，所有动作做完一次为一个循环，每个循环间休息30秒，做四个循环。

第4天：速度训练	
阻力跑练习	10组，每组1次

第5天：耐力训练	
17次折返跑练习	3组，每组1次
X跑练习	3组，每组1次
纵向6次折返跑练习	3组，每组1次

注：可安插轻量篮球专项训练，与敏捷度训练放在同日进行。

第2~4周：速度耐力与敏捷度增强阶段

训练量：★★★★★

训练强度：★★★

第5~8周:体能巩固阶段

训练量:★★★★

训练强度:★★★★★

第1天:耐力训练	
17次折返跑练习	3组,每组1次
X跑练习	3组,每组1次
纵向6次跑练习	3组,每组1次

第2天:全身力量循环训练	
浅蹲	10~12个
半程卧推	10~12个
卷腹	12~15个
坐姿划船	10~12个
臀桥	10~12个

注:动作间无休息,所有动作做完一次为一个循环,每个循环间休息30秒,做四个循环。

第3天:敏捷度训练	
滑步练习	6组,每组1次
背向跑练习	2组,每组1次
背向运球练习	2组,每组1次
梯形跳练习	2组,每组1次
转髋跳练习1	2组,每组1次
直角跑练习	2组,每组1次

第4天:耐力训练	
17次折返跑	2组,每组1次
自杀式折返跑	2组,每组1次
纵向6次折返跑	2组,每组1次
X跑练习	2组,每组1次

第5天:敏捷度专项训练	
阻力跑练习	10组,每组1次

第6天:篮球专项训练
内线攻防、低强度比赛

注:除第6天外,可在敏捷度训练日安排轻量篮球专项训练。

C.投射型

此类型的中锋是较为少见的，其自身风格十分独特。“正规”中锋赖以成名的力量与爆发力，在其身上则体现为敏捷度与投射能力。在制定针对性的体能训练计划时，我们建议球员应当以力量与爆发力训练为主。因为中锋的敏捷度再高也几乎无法与后卫相比，且中锋必须承担守护内线的职责，如果一味地关注敏捷度的提高，那么会使其在一对一对抗上处于绝对劣势，进而导致球队内线被轻易攻占。

计划周期：8周
训练时间：休赛期
训练目标：提高力量、爆发力与敏捷度。（431、432）

431

432

第1周:准备阶段
训练量:★★★★★
训练强度:★★

第1天:举重训练	
高翻	2组,每组15个
高抓	2组,每组15个
借力推举	2组,每组15个
下斜仰卧起坐	2组,每组力竭

第2天:敏捷度训练	
蛇形跑练习	3组,每组1次
滑步练习	6组,每组1次
直角跑练习	3组,每组1次
篮球专项练习	投篮练习

注:距离选择不应超过球场长度。

第3天:上半身力量训练	
半程卧推	2组,每组15个
引体向上	2组,每组15个
弹力带冲拳练习	2组,每组15个
杠铃弯举	2组,每组15个
负重卷腹	2组,每组15~20个

第4天:举重训练	
高翻	2组,每组15个
高抓	2组,每组15个
负重仰卧起坐	2组,每组15~20个

第5天:敏捷度训练	
梯形跳跃练习	3组,每组1次
转髋跳练习1	3组,每组1次
转髋跳练习2	3组,每组1次
三秒区滑步练习	3组,每组1次
篮球专项练习	投篮练习

注:可安插轻量篮球专项训练,与敏捷度训练放在同日进行。

第1天:下半身力量训练	
弹力带半蹲/浅蹲	5组,每组5个
箱式深蹲	5组,每组5个
底部启动深蹲	5组,每组5个
负重卷腹	3组,每组15~20个

第2天:敏捷度训练	
蛇形跑练习	2组,每组1次
滑步练习	6组,每组1次
梯形跳跃练习	2组,每组1次
转髋跳练习1	2组,每组1次
转髋跳练习2	2组,每组1次

注:距离选择不应超过球场长度。

第3天:爆发力训练	
弹力带冲拳练习	3组,每组15~20个
击掌俯卧撑	3组,每组力竭
借力推举	3组,每组15~20个

第4天:下半身力量训练	
腿举	5组,每组5个
哈克深蹲	5组,每组5个
腿弯举	5组,每组5个
提踵	3组,每组15~20个
反向提踵	3组,每组15~20个

注:距离选择不应超过球场长度。

第5天:耐力训练	
17次折返跑练习	2组,每组1次
自杀式折返跑练习	2组,每组1次
蛇形跑练习	2组,每组1次

第2~4周:力量增强阶段

训练量:★★★

训练强度:★★★★★

第5~8周:爆发力强化阶段

训练量:★★★

训练强度:★★★★★

第1天:下半身力量训练	
浅蹲	2组,每组10个
前蹲	2组,每组10个
负重下斜卷腹	3组,每组15~20个

第2天:敏捷度训练	
滑步练习	6组,每组1次
梯形跳练习	2组,每组1次
转髋跳练习1	2组,每组1次
直角跑练习	3组,每组1次

第3天:爆发力训练	
弹力带冲拳练习	2组,每组10个
击掌式俯卧撑	2组,每组力竭
高翻	2组,每组10个
卷腹	2组,每组力竭

第4天:耐力训练	
17次折返跑练习	2组,每组1次
自杀式折返跑练习	2组,每组1次
蛇形跑练习	2组,每组1次

第5天:举重训练	
高翻	10组,每组1次
高抓	10组,每组1次
负重下斜仰卧起坐	3组,每组力竭

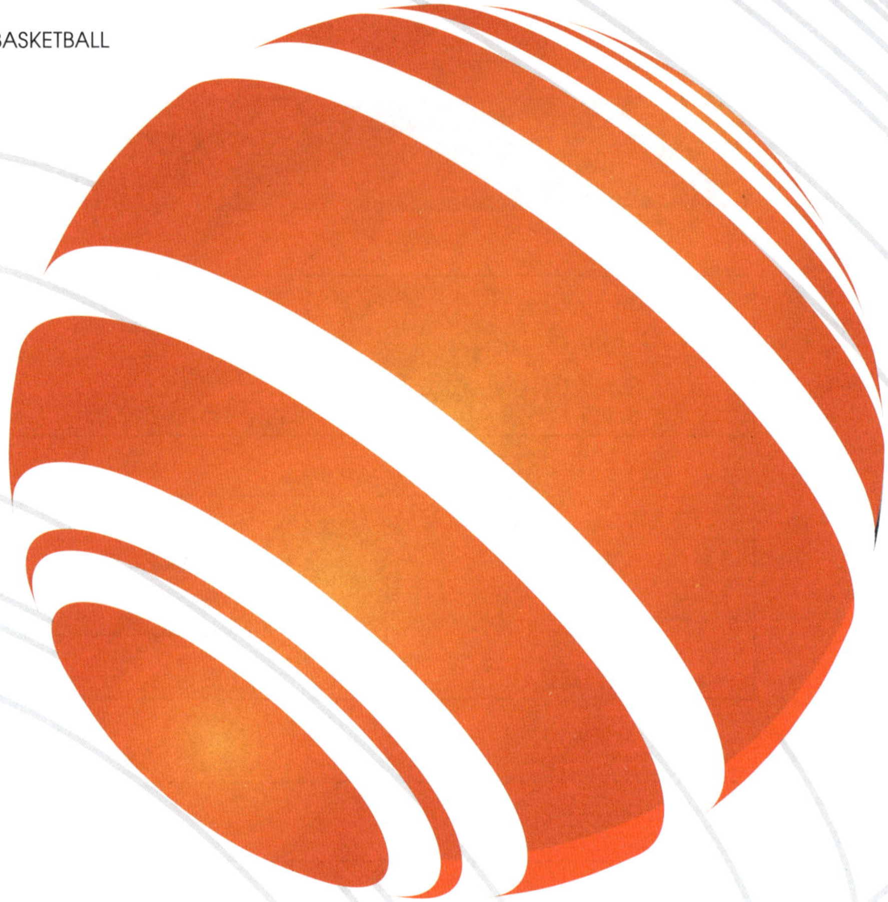

三、专项运动能力的体能训练方案

因为不同类型球员对于不同运动能力的需求度不同，所以其自身的各项运动能力不可能达到完美均衡的地步，其中必定有的较为弱势。如何利用休赛期的时间尽快补足自身的弱点，是那些在体能方面有明显差距，或整体体能较薄弱的球员所需解决的头等大事。

1.改善身材训练方案

如果你是一名篮球爱好者，那么由于平时有大量比赛的缘故，往往较难出现身材走样的情况。但有的球员，特别是身材壮硕的内线球员，极易因为在休赛期间暴饮暴食，导致原本健壮的身材出现可怕的发福。

训练目标：改善身材，降低体脂。

训练难度：★★

见效速度：★★★★★

计划周期：4周

训练时间：休赛期

训练目标：改善身材，降低体脂并合理控制体重。

（433、434）

433

434

初级版:1~4周

第1天:有氧训练	
3000米跑练习	2组,每组1次

第2天:无氧训练	
上斜飞鸟	2组,每组20个
蝴蝶机夹胸	2组,每组20个
臂屈伸	2组,每组20个
负重卷腹	2组,每组20个
转体卷腹	5组,每组力竭
仰卧起坐	5组,每组力竭

第3天 有氧训练	
400米跑	3组,每组1次
200米跑	3组,每组1次

第4天 敏捷度训练	
滑步练习	6组,每组1次
梯形跳练习	2组,每组1次
转髋跳练习1	2组,每组1次
直角跑练习	3组,每组1次

第5天:敏捷度训练	
梯形跳跃练习	3组,每组1次
转髋跳练习1	3组,每组1次
转髋跳练习2	3组,每组1次
三秒区滑步练习	3组,每组1次

第1天:有氧训练	
卷腹	5组,每组力竭
仰卧起坐	5组,每组力竭
转体卷腹	5组,每组力竭
5000米跑或3000米游泳	1组,每组1次

第2天:无氧训练	
下斜哑铃卧推	3组,每组20个
蝴蝶机夹胸	3组,每组20个
臀屈伸	3组,每组20个
负重卷腹	3组,每组15~20个
负重举腿	3组,每组8~12个
器械转体卷腹	3组,每组15~20个
17次折返跑练习	3组,每组1次

第3天:有氧训练	
17次折返跑	3组,每组1次
自杀式折返跑	3组,每组1次
6次折返跑	3组,每组1次
1000米游泳	1组,每组1次

第4天:敏捷度训练	
滑步练习	6组,每组1次
梯形跳练习	2组,每组1次
转髋跳练习1	2组,每组1次
直角跑练习	3组,每组1次

第5天:有氧训练	
卷腹	5组,每组力竭
仰卧起坐	5组,每组力竭
转体卷腹	5组,每组力竭
3000米跑或1000米游泳	1组,每组1次

2.提升启动速度训练方案

极强的启动速度需要优秀的爆发力、身体柔韧性以及近乎完美的进攻技术为依托。在制订训练计划时，除了关注身体素质方面的专项训练外，一定要安排有针对性的技术练习。无论是进攻时的突破技术，还是防守时的快速移动技术，都十分必要。

训练目标：提升启动速度，增强攻防能力。

训练难度：★★★★★

见效速度：★★

计划周期：8周

训练时间：休赛期

训练目标：提升在突破以及防守时的动作速率。

（435、436）

435

436

初级版本
第1~4周:力量储备期

第1天 力量训练	
站姿屈髋	3组,每组10个
俯卧举腿	3组,每组力竭
仰卧屈髋	3组,每组10个
箭步走	3组,每组100米
站躬身(早上好)	3组,每组10个

第2天 速度训练	
阻力跑练习	3组,每组1次
加速跑练习	3组,每组1次
启动跑练习	3组,每组1次

第3天 敏捷度训练	
滑步练习	6组,每组1次
蛇形跑练习	2组,每组1次
转髋跳练习1	2组,每组1次
直角跑练习	3组,每组1次

第4天 技术训练	
挥臂练习	3组,每组200~300次
负重挥臂练习	3组,每组20次
提膝练习	3组,每组20次
大步走练习	3组,全场距离
高抬腿跑	3组,全场距离

第5天:全身力量训练	
借力推举	3组,每组10次
单臂划船	3组,每组10次
站姿屈髋	3组,每组10次
臀屈伸	3组,每组10次
悬垂举腿	5组,每组力竭

第1天:速度训练	
阻力跑练习	4组,每组1次
加速跑练习	4组,每组1次
启动跑练习	4组,每组1次

第2天:技术训练	
负重挥臂练习	3组,每组20次
提膝练习	3组,每组20次
高抬腿跑	3组,全场距离
后踢腿跑	3组,全场距离
单脚跳	3组,全场距离
篮球专项训练	防守与突破

第3天:敏捷度训练	
滑步练习	6组,每组1次
蛇形跑练习	2组,每组1次
转髋跳练习1	2组,每组1次
直角跑练习	3组,每组1次

第4天:速度训练	
阻力跑练习	4组,每组1次
加速跑练习	4组,每组1次
启动跑练习	4组,每组1次

第5天:技术训练	
负重挥臂练习	3组,每组20次
提膝练习	3组,每组20次
高抬腿跑	3组,全场距离
后踢腿跑	3组,全场距离
单脚跳	3组,全场距离
篮球专项训练	防守与突破

进阶版本
第1~4周:力量储备期

第1天:力量训练	
站姿屈髋	3组,每组10个
俯卧举腿	3组,每组力竭
仰卧屈髋	3组,每组10个
箭步走	3组,每组100米
站躬身(早上好)	3组,每组10个

第2天:速度训练	
阻力跑练习	4组,每组1次
加速跑练习	4组,每组1次
启动跑练习	4组,每组1次

第3天:敏捷度训练	
滑步练习	6组,每组1次
蛇形跑练习	4组,每组1次
转髋跳练习1	3组,每组1次
直角跑练习	4组,每组1次

第4天:技术训练	
挥臂练习	4组,每组200~300次
负重挥臂练习	4组,每组20次
提膝练习	4组,每组20次
单脚跳	4组,全场距离
高抬腿跑	4组,全场距离
篮球专项训练	防守与突破

第5天:全身力量训练	
借力推举	3组,每组10次
单臂划船	3组,每组10次
站姿屈髋	3组,每组10次
臀屈伸	3组,每组10次
悬垂举腿	5组,每组力竭

第1天:速度训练	
阻力跑练习	4组,每组1次
加速跑练习	4组,每组1次
启动跑练习	4组,每组1次
变速跑练习	4组,每组1次

第2天:技术训练	
负重挥臂练习	4组,每组12次
高抬腿跑	4组,全场距离
后踢腿跑	4组,全场距离
单脚跳	4组,全场距离
篮球专项训练	防守与突破

第3天 敏捷度训练	
滑步练习	6组,每组1次
蛇形跑练习	3组,每组1次
转髋跳练习1	3组,每组1次
直角跑练习	3组,每组1次

第4天 速度训练	
阻力跑练习	4组,每组1次
加速跑练习	4组,每组1次
启动跑练习	4组,每组1次
变速跑练习	4组,每组1次

第5天:技术训练	
负重挥臂练习	4组,每组12次
高抬腿跑	4组,全场距离
后踢腿跑	4组,全场距离
单脚跳	4组,全场距离
篮球专项训练	防守与突破
篮球专项训练	防守与突破

第6天 耐力训练	
17次折返跑	2组,每组1次
X跑练习	2组,每组1次
6次折返跑	2组,每组1次

3.引爆弹跳力训练方案

弹跳力训练不是一味地要求跳得高，而是需要根据球员自身的技术特点进行针对性的跳跃练习。如对于中锋球员，双脚起跳频率较高，因此在练习时就要加大双脚训练量。而后卫球员使用单脚起跳较频繁，所以在制订计划时就要加强单脚跳练习。此外，如果你的目标是需要确保全场比赛都保持较高竞争力，那么一定的力量耐力可以保证你的弹跳不会受体力下降的过多影响。

训练目标：提升综合弹跳能力。

训练难度：★★★★★

见效速度：★★★★

计划周期：8周

训练时间：休赛期

训练目标：增强弹跳力，提升攻防两端的表现力。（437、438）

437

438

初级版本（适用于后卫与小前锋）
第1~4周：力量储备期

第1天 力量训练	
全蹲	10组，每组10个
箭步走	3组，每组100米

第2天 举重训练	
高翻	10组，每组2个
高抓	10组，每组2个

第3天 跳跃训练	
收腹跳	4组，每组20个
侧跳	4组，每组20个
跳深	4组，每组20个
箭步跳	4组，每组20个

第4天 敏捷度训练	
滑步练习	6组，每组1次
转髋跳练习	3组，每组1次
转髋跳练习1	3组，每组1次
梯形跳练习	3组，每组1次

第5天 力量训练	
浅蹲	3组，每组10次
腿弯举	3组，每组10次
哑铃跳	3组，每组10次

第1天 爆发力训练	
高翻	10组，每组2次
高抓	10组，每组2次
重球练习	10组，每组2次

第2天：跳跃训练	
收腹跳	4组，每组20个
侧跳	4组，每组20个
跳深	4组，每组20个
箭步跳	4组，每组20个
单脚跳	4组，每组20个

第3天：爆发力训练	
浅蹲	10组，每组2个
哑铃跳	3组，每组10个
提踵	3组，每组10个
反向提踵	3组，每组10个
腿弯举	3组，每组10个

第4天：敏捷度训练	
滑步练习	6组，每组1次
转髋跳练习	4组，每组1次
转髋跳练习1	4组，每组1次
梯形跳练习	4组，每组1次

第5天：跳跃训练	
原地纵跳	4组，每组20个
助跑单脚跳	4组，每组20个
跳深	4组，每组20个
助跑双脚跳	4组，每组20个
单脚跑跳	4组，全场距离

第5~8周：弹跳力增强期

进阶版本(适用于后卫与小前锋)
第1~4周:力量储备期

第1天:力量训练	
全蹲	10组,每组10个
脚尖跳	3组,每组100个

第2天:举重训练	
高翻	10组,每组2个
高抓	10组,每组2个
借力推举	10组,每组2个

第3天:跳跃训练	
收腹跳	4组,每组20个
侧跳	4组,每组20个
跳深	4组,每组20个
箭步跳	4组,每组20个
脚尖跳	4组,每组100个

第4天:敏捷度训练	
滑步练习	6组,每组1次
转髋跳练习	4组,每组1次
转髋跳练习1	4组,每组1次
梯形跳练习	4组,每组1次

第5天:力量训练	
浅蹲	3组,每组10次
腿弯举	3组,每组10次
哑铃跳	3组,每组10次
提踵	3组,每组10次
反向提踵	3组,每组10次

439

440

第1天 爆发力训练	
高翻	10组,每组2次
高抓	10组,每组2次
重球练习	10组,每组2次
借力推举	10组,每组2次

第2天:跳跃训练	
收腹跳	5组,每组20个
侧跳	5组,每组20个
跳深	5组,每组20个
箭步跳	5组,每组20个
单脚跳	5组,每组20个

第3天:爆发力训练	
浅蹲	10组,每组2个
哑铃跳	3组,每组10个
提踵	3组,每组10个
反向提踵	3组,每组10个
腿弯举	3组,每组10个

第4天:敏捷度训练	
滑步练习	6组,每组1次
转髋跳练习	4组,每组1次
转髋跳练习1	4组,每组1次
梯形跳练习	4组,每组1次

第5天:跳跃训练	
原地纵跳	4组,每组20个
助跑单脚跳	4组,每组20个
跳深	4组,每组20个
助跑双脚跳	4组,每组20个
单脚跑跳	4组,全场距离

初级版本（适用于大前锋与中锋）（441、442）
第1~4周：力量储备期

441

442

第1天：力量训练	
半蹲	10组，每组10个
箭步蹲	3组，每组10个

第2天：举重训练	
高翻	10组，每组2个
高抓	10组，每组2个

第3天：跳跃训练	
收腹跳	4组，每组20个
障碍跳	4组，每组20个
跳台阶	4组，每组20个
原地纵跳	4组，每组20个

第4天：敏捷度训练	
滑步练习	6组，每组1次
转髋跳练习	3组，每组1次
转髋跳练习1	3组，每组1次

第5天：力量训练	
浅蹲	3组，每组10个
腿弯举	3组，每组10个
杠铃跳	3组，每组10个

第1天 爆发力训练	
高翻	10组，每组2个
高抓	10组，每组2个
重球练习	10组，每组2个

第2天：跳跃训练	
收腹跳	4组，每组20个
障碍跳	4组，每组20个
跳台阶	4组，每组20个
原地纵跳	4组，每组20个
助跑双脚跳	4组，每组20个

第3天：爆发力训练	
浅蹲	10组，每组2个
哑铃跳	3组，每组10个
提踵	3组，每组10个
反向提踵	3组，每组10个
腿弯举	3组，每组10个

第4天：敏捷度训练	
滑步练习	6组，每组1次
转髋跳练习	4组，每组1次
转髋跳练习1	4组，每组1次
梯形跳练习	4组，每组1次

第5天：跳跃训练	
原地纵跳	4组，每组20个
助跑双脚跳	4组，每组20个
跳台阶	4组，每组20个
脚尖跳	4组，每组100个
蛙跳	4组，全场距离

进阶版本(适用于大前锋与中锋)
第1~4周:力量储备期

第1天:力量训练	
半蹲	10组,每组10个
哑铃跳	3组,每组10个

第2天:举重训练	
高翻	10组,每组2个
高抓	10组,每组2个
借力推举	10组,每组2个
推举	3组,每组10个

第3天:跳跃训练	
收腹跳	4组,每组20个
障碍跳	4组,每组20个
跳台阶	4组,每组20个
原地纵跳	4组,每组20个
脚尖跳	4组,每组100个

第4天:敏捷度训练	
滑步练习	6组,每组1次
转髋跳练习	4组,每组1次
转髋跳练习1	4组,每组1次
梯形跳练习	4组,每组1次

第5天:力量训练	
浅蹲	3组,每组10次
腿弯举	3组,每组10次
哑铃跳	3组,每组10次
提踵	3组,每组10次
反向提踵	3组,每组10次

第1天 爆发力训练	
高翻	10组，每组2次
高抓	10组，每组2次
重球练习	10组，每组2次
借力推举	10组，每组2次

第2天：跳跃训练	
收腹跳	5组，每组20个
障碍跳	5组，每组20个
跳台阶	5组，每组20个
箭步跳	5组，每组20个
脚尖跳	3组，每组100个
助跑双脚跳	5组，每组10个

第3天：爆发力训练	
浅蹲	10组，每组2个
杠铃跳	3组，每组10个
提踵	3组，每组10个
反向提踵	3组，每组10个
腿弯举	3组，每组10个

第4天：敏捷度训练	
滑步练习	6组，每组1次
转髋跳练习	4组，每组1次
转髋跳练习1	4组，每组1次
梯形跳练习	4组，每组1次

第5天：跳跃训练	
原地纵跳	5组，每组20个
助跑双脚跳	5组，每组20个
跳台阶	5组，每组20个
蛙跳	5组，全场距离

4.巩固基础力量训练方案

提高基础力量的训练计划种类较多。有的关注全身基础力量的发展,有的关注绝对力量的提高,有的则更加偏向于弥补上半身或下半身力量的不足。在制定相应训练计划时,球员需根据自身特点作出最适合自己的选择。此外,不要因为力量训练就忽略敏捷度与柔韧性的训练,否则就会使所提高的力量无任何用武之地。

训练目标:全面优化力量素质。
训练难度:★★★
见效速度:★★★★★

计划周期:4周
训练时间:休赛期
训练目标:提高全身基础力量,补足弱势力量。
(443、444)

443

4周基础力量训练计划

第1天 循环训练	
半蹲	15~20个
卧推	15~20个
仰卧起坐	15~20个
绳索划船	15~20个
杠铃硬拉	15~20个
卷腹	15~20个

注:动作间无休息,所有动作做完一次为一个循环,每个循环间休息30秒,做四个循环。

第2天 敏捷度训练	
滑步练习	6组,每组1次
转髋跳练习	4组,每组1次
直角跑练习	4组,每组1次
梯形跳练习	4组,每组1次

第3天 循环训练	
双杠臂屈伸	15~20个
锤式弯举	15~20个
卷腹	15~20个
提踵	15~20个
反向提踵	15~20个
转体卷腹	15~20个

第4天 敏捷度训练	
滑步练习	6组,每组1次
转髋跳练习	4组,每组1次
直角跑练习	4组,每组1次
梯形跳练习	4组,每组1次

第5天 循环训练	
半蹲	15~20个
卧推	15~20个
仰卧起坐	15~20个
绳索划船	15~20个
杠铃硬拉	15~20个
卷腹	15~20个

注:动作间无休息,所有动作做完一次为一个循环,每个循环间休息30秒,做四个循环。

4周下半身力量训练计划（445、446）

4周下半身力量训练计划

第1天:伸膝力量训练	
腿举	3组,每组10个
哈克深蹲	3组,每组10个
腿屈伸	3组,每组10个
提踵	3组,每组10个
反向提踵	3组,每组10个

第2天:伸髋力量训练	
硬拉	3组,每组10个
GHR	3组,每组力竭
站躬身	3组,每组10个
俯卧举腿	3组,每组力竭
臀桥	3组,每组10个

第3天:屈髋力量训练	
站姿屈髋	3组,每组10个
仰卧屈髋	3组,每组10个
浅蹲	3组,每组10个
提踵	3组,每组10个
反向提踵	3组,每组10个

第4天:爆发力训练	
高翻	10组,每组2个
高抓	10组,每组2个
借力推举	3组,每组8个
弹力带冲拳练习	3组,每组8个

第5天:敏捷度训练	
滑步练习	6组,每组1次
转髋跳练习	4组,每组1次
直角跑练习	4组,每组1次
梯形跳练习	4组,每组1次

4周上半身力量训练计划（447、448）

4周上半身力量训练计划

第1天:推举力量训练	
半程卧推	3组,每组10次
推举	3组,每组10次
肱三头肌臂屈伸	3组,每组10次
弹力带冲拳练习	3组,每组10次
腕屈伸	3组,每组10次

第2天:提拉力量训练	
引体向上	3组,每组10个
坐姿对握下拉	3组,每组10个
直立划船	3组,每组10个
锤式弯举	3组,每组10个
腕弯举	3组,每组10个

第3天:敏捷度训练	
滑步练习	6组,每组1次
转髋跳练习	4组,每组1次
直角跑练习	4组,每组1次
梯形跳练习	4组,每组1次

第4天:推举力量训练	
半程卧推	3组,每组10次
推举	3组,每组10次
肱三头肌臂屈伸	3组,每组10次
弹力带冲拳练习	3组,每组10次
腕屈伸	3组,每组10次

第5天:爆发力训练	
高翻	10组,每组2个
高抓	10组,每组2个
借力推举	3组,每组8个
弹力带冲拳练习	3组,每组8个

4周绝对力量训练计划（449、450）

4周绝对力量训练计划

第1天:卧推训练	
下斜半程卧推	3组,每组10个
间歇式卧推	3组,每组10个
哑铃下斜卧推	3组,每组10个
腕弯举	3组,每组10个
腕屈伸	3组,每组10个

第2天:深蹲训练	
半蹲	5组,每组5个
腿举	5组,每组5个
箱式深蹲	5组,每组5个
提踵	3组,每组10个
反向提踵	3组,每组10个

第3天:核心训练	
支撑深蹲	5组,每组10个
GHR	3组,每组力竭
臀屈伸	5组,每组5个
站姿屈髋	3组,每组10个
内收/外展练习	3组,每组10个

第4天:敏捷度训练	
滑步练习	6组,每组1次
转髋跳练习	4组,每组1次
直角跑练习	4组,每组1次
梯形跳练习	4组,每组1次

第5天:爆发力训练	
高翻	10组,每组2个
高抓	10组,每组2个
借力推举	3组,每组8个
弹力带冲拳练习	3组,每组8个

5.优化耐力训练方案

提高耐力的训练计划应当围绕速度耐力与力量耐力构建，辅以必备的心肺耐力训练。此外，耐力的提高主要是为了服务于球员自身的技术动作，因此相应的敏捷度训练也是不容忽视的。

训练目标：全面强化耐力水平。
训练难度：★★★★
见效速度：★★★★

计划周期：4~12周
训练时间：休赛期
训练目标：提高力量耐力或速度耐力。

12周速度耐力训练计划
第1~4周：基础速度耐力训练

第1天：速度训练	
400米跑	4组，每组1次

第2天：敏捷度训练	
滑步练习	6组，每组1次
X跑练习	4组，每组1次
直角跑练习	4组，每组1次
梯形跳练习	4组，每组1次

第3天：速度训练	
200米跑	8组，每组1次

第5~8周:短距离速度训练

第1天:速度训练	
40米跑	2组,每组1次
60米跑	2组,每组1次
80米跑	2组,每组1次

第2天:敏捷度训练	
滑步练习	6组,每组1次
X跑练习	4组,每组1次
直角跑练习	4组,每组1次
梯形跳练习	4组,每组1次

第3天:核心训练	
100米跑	2组,每组1次
60米跑	2组,每组1次
40米跑	2组,每组1次
全场跑	2组,每组1次
17次折返跑	2组,每组1次
自杀式折返跑	2组,每组1次

第1天:速度训练	
Z跑练习	2组,每组1次
X跑练习	2组,每组1次
17次折返跑	2组,每组1次
击地传球全场跑	1组,每组5次
胸前传球全场跑	1组,每组5次
6次运球折返跑	2组,每组1次
自杀式折返跑	2组,每组1次

第3天:速度训练	
Z跑练习	2组,每组1次
X跑练习	2组,每组1次
17次折返跑	2组,每组1次
击地传球全场跑	1组,每组5次
胸前传球全场跑	1组,每组5次
6次运球折返跑	2组,每组1次
自杀式折返跑	2组,每组1次

第2天:敏捷度训练	
滑步练习	6组,每组1次
X跑练习	4组,每组1次
直角跑练习	4组,每组1次
梯形跳练习	4组,每组1次

第9~12周:实战速度耐力训练

451

452

4周力量耐力训练计划（451、452）

4周力量耐力训练计划

第1天:循环力量训练	
全蹲	15~20个
卧推	15~20个
箭步蹲	15~20个
卷腹	15~20个
哑铃跳	15~20个
绳索划船	15~20个
臀桥	15~20个

第2天:深蹲训练	
滑步练习	6组,每组1次
X跑练习	4组,每组1次
直角跑练习	4组,每组1次
梯形跳练习	4组,每组1次

注:动作间无休息,所有动作做完一次为一个循环,每个循环间休息30秒,做四个循环。

第3天:循环力量训练	
全蹲	15~20个
卧推	15~20个
箭步蹲	15~20个
卷腹	15~20个
哑铃跳	15~20个
绳索划船	15~20个
臀桥	15~20个

第4天:速度耐力训练	
17次折返跑	2组,每组1次
自杀式折返跑	2组,每组1次
6次运球折返跑（每次以上篮或扣篮结束）	2组,每组1次

第5天:力量耐力训练	
全蹲	15~20个
卧推	15~20个
箭步蹲	15~20个
卷腹	15~20个
哑铃跳	15~20个
绳索划船	15~20个
臀桥	15~20个

注:动作间无休息,所有动作做完一次为一个循环,每个循环间休息30秒,做四个循环。

6.维持核心力量训练方案

篮球运动员自身的核心力量往往较为出色。不过，有部分球员因为自身体型发福或者对于核心力量使用技巧掌握不牢的缘故，需要加强对于核心力量的锻炼。

训练目标：改善核心力量。

训练难度：★★★★★

见效速度：★★★

计划周期：4周

训练时间：休赛期

训练目标：改善核心力量，学会发力技巧。

（453、454）

453

454

初级版本

第1天:腹部专项训练	
卷腹	3组,每组20~25个
两头起	3组,每组力竭
仰卧起坐+抛球练习	3组,每组力竭
仰卧举腿	3组,每组力竭
转体卷腹	3组,每组20~25个
体侧屈	3组,每组20~25个

第2天:腰背部专项训练	
直腿硬拉	3组,每组10个
反向两头起	3组,每组10个
俯卧举腿	3组,每组10个
站躬身(早上好)	3组,每组10个
臀桥	3组,每组10个

第3天:全面核心训练	
三个方向平板支撑	9组,每组最长时间
支撑深蹲	3组,每组10个
健腹轮	3组,每组10个

第4天:敏捷度训练	
滑步练习	6组,每组1次
X跑练习	4组,每组1次
直角跑练习	4组,每组1次
梯形跳练习	4组,每组1次

第1天:腹部专项训练	
负重卷腹	3组,每组20~25个
两头起	3组,每组力竭
仰卧起坐+抛球练习	3组,每组力竭
悬垂负重举腿	3组,每组力竭
转体卷腹	3组,每组20~25个
体侧屈	3组,每组20~25个

第2天:全面核心训练	
三个方向平板支撑	9组,每组最长时间
支撑深蹲	3组,每组10个
站姿健腹轮	3组,每组10个

第3天:敏捷度训练	
滑步练习	6组,每组1次
X跑练习	4组,每组1次
直角跑练习	4组,每组1次
梯形跳练习	4组,每组1次

第4天: 全面核心训练	
三个方向平板支撑	9组,每组最长时间
支撑深蹲	3组,每组10个
站姿健腹轮	3组,每组10个

第4天: 腰背部专项训练	
直腿硬拉	4组,每组12个
反向两头起	4组,每组12个
俯卧举腿	4组,每组12个
站躬身(早上好)	4组,每组12个
臀桥	4组,每组12个

7.强化敏捷与柔韧性训练方案

敏捷与柔韧性是较高级的运动能力，在制订训练计划时一定要注意有针对性。如果所选训练动作并不合适，那么反而会造成一定的副作用。此外，注意在强化敏捷与柔韧性训练时不要安排过多的力量训练。

训练目标：强化敏捷与柔韧性。
训练难度：★★★★★
见效速度：★

计划周期：整个赛季
训练时间：赛季期
训练目标：保持整个赛季的身体灵敏度与柔韧性。
(455、456)

455

456

第1天:敏捷度训练	
滑步练习	6组,每组1次
X跑练习	4组,每组1次
直角跑练习	4组,每组1次
梯形跳练习	4组,每组1次
转髋跳练习	4组,每组1次
蛇形跑	4组,每组1次

第2天:速度训练	
阻力跑练习	4组,每组1次
加速跑练习	4组,每组1次
启动跑练习	4组,每组1次

第3天:放松训练	
上肢拉伸	任选4个动作,每个动作拉伸20秒
下肢拉伸	任选4~6个动作,每个动作拉伸20秒
腰背部拉伸	任选2~3个动作,每个动作拉伸20秒
肌肉放松与按摩	

8. 精准投射

提高投射能力的训练计划主要以有针对性的力量耐力训练为主，辅以篮球专项练习以及一定的速度与技术练习。

训练目标：强化投射能力。
训练难度：★★★★★
见效速度：★★★★

计划周期：4~8周
训练时间：休赛期
训练目标：提高实战投篮能力。
（457、458）

457

458

第1天:力量训练	
借力推举	2组,每组15~20个
肱三头肌臂屈伸	2组,每组15~20个
锤式弯举	2组,每组15~20个
腕弯举	3组,每组力竭
腕屈伸	3组,每组力竭

第2天:技术训练	
弹力带冲拳练习	4组,每组15~20个
借力推举	4组,每组15~20个
手指俯卧撑	4组,每组15~20个
腕弯举	3组,每组力竭

第3天:敏捷度训练	
滑步练习	6组,每组1次
X跑练习	4组,每组1次
直角跑练习	4组,每组1次
梯形跳练习	4组,每组1次
转髋跳练习	4组,每组1次
蛇形跑	4组,每组1次

第4天:技术训练	
弹力带冲拳练习	4组,每组15~20个
借力推举	4组,每组15~20个
手指俯卧撑	4组,每组15~20个
腕弯举	3组,每组力竭

第5天:篮球专项训练
定点跳投、行进间跳投、接球跳投等专项练习

初级版本

进阶版本（适用大前锋与中锋）

第1天：技术训练	
弹力带冲拳练习	4组，每组15~20个
借力推举	4组，每组15~20个
手指俯卧撑	4组，每组15~20个
腕弯举	3组，每组力竭
篮球专项训练	定点跳投练习

第2天：敏捷度训练	
滑步练习	6组，每组1次
X跑练习	4组，每组1次
直角跑练习	4组，每组1次
梯形跳练习	4组，每组1次
转髋跳练习	4组，每组1次
蛇形跑	4组，每组1次
篮球专项训练	行进间跳投练习

第3天：篮球专项训练
定点跳投、行进间跳投、接球跳投等专项练习

第4天：力量训练	
借力推举	3组，每组10个
锤式弯举	3组，每组10个
腕弯举	3组，每组力竭
腕屈伸	3组，每组力竭

第5天：篮球专项训练
定点跳投、行进间跳投、接球跳投等专项练习

四、伤病预防与恢复方案

我们根据球员极易受伤部位的结构特点，以及相应的比赛或训练需求，制定更加具有针对性的恢复性训练计划。球员切记练习时从轻重量做起，并且严格控制动作姿势的标准性。

1. 膝关节伤病预防与恢复方案

膝关节伤病类型较复杂，有严重的扭伤，也有积劳成疾的炎症。在恢复性训练时，我们建议球员从强化膝关节的保护神——股二头肌入手，逐渐提高其与股四头肌的肌肉质量。

训练目标：恢复膝关节影响的弹跳能力。

训练难度：★★★★★

见效速度：★★

训练强度：★★★

计划周期：4~8周
训练时间：休赛期
（459、460）

459

第1天:股二头肌训练	
腿弯举	4组,每组15~20个
单腿腿弯举	4组,每组15~20个
坐姿股二头肌拉伸练习	4组,每组20秒

第2天:股四头肌训练	
非受伤腿屈伸	10组,每组10个

第3~6周 力量强化阶段

第1天:股四头肌训练	
腿屈伸	4组,每组12个
相扑式硬拉	4组,每组12个
提踵	4组,每组12个
反向提踵	4组,每组12个

第2天:股二头肌训练	
腿弯举	4组,每组12个
哈克深蹲	4组,每组12个
罗马椅挺身	4组,每组12个
站躬身(早上好)	4组,每组12个

第3天 敏捷度训练	
滑步练习	3组,每组1次
X跑练习	4组,每组1次
直角跑练习	4组,每组1次

第4天 上肢练习	
杠铃卧推	4组,每组12个
坐姿划船	4组,每组12个
仰卧臂屈伸	4组,每组12个
器械推举	4组,每组12个
牧师椅弯举	4组,每组12个

第5天:柔韧拉伸练习
拉伸股四头肌与股二头肌相关肌肉与关节

第1天:力量训练	
腿举	3组,每组10个
腿弯举	3组,每组10个
腿屈伸	3组,每组10个
箭步蹲	3组,每组10个
提踵	3组,每组10个
反向提踵	3组,每组10个

第2天:敏捷度训练	
滑步练习	6组,每组1次
X跑练习	4组,每组1次
直角跑练习	4组,每组1次
转髋跳练习	4组,每组1次

第3天:速度练习	
加速跑练习	3组,每组1次
阻力跑练习	3组,每组1次
变速跑练习	3组,每组1次

第4天: 跳跃练习	
原地纵跳	3组,每组10次
助跑双脚跳	3组,每组10次
箭步跳	3组,每组10次

第4天: 跳跃练习	
原地纵跳	3组,每组10次
助跑双脚跳	3组,每组10次
箭步跳	3组,每组10次

2.腰部与髋关节伤病预防与恢复方案

腰部与髋关节伤病多为积劳成疾，突然间受到严重扭伤的案例虽存在，但一般只要注意发力姿势便会极大程度限制其发生率。在恢复性训练时，建议球员根据自身的特点，进行腰腹部或臀部肌肉的补足练习。

训练目标：恢复腰部与髋关节影响的速度能力以及基础力量。

训练难度：★★★★★

见效速度：★★

训练强度：★★★

计划周期：4~8周
训练时间：休赛期
（461、462）

461

462

第1~2周 体能储备阶段

第1天:肌肉恢复训练	
臀屈伸	3组,每组10个
罗马椅挺身	3组,每组10个
反向两头起	3组,每组10个

第2天:腰部与髋关节拉伸训练	
选取4~5个动作进行拉伸放松	每个动作20秒

第1天:腰部力量强化阶段	
罗马椅挺身	3组,每组10个
屈腿硬拉	3组,每组10个
站躬身(早上好)	3组,每组10个
平板支撑	6组,每组最长时间

第2天:髋关节力量强化阶段	
臀屈伸	3组,每组10个
箭步蹲	3组,每组10个
臀桥	3组,每组10个
俯卧举腿	3组,每组力竭

第3天:敏捷度训练	
滑步练习	6组,每组1次
X跑练习	4组,每组1次
直角跑练习	4组,每组1次
梯形跳练习	4组,每组1次

第4天:腰部与髋关节拉伸训练	
选取4~5个动作进行拉伸放松	每个动作20秒

第5天 速度训练	
加速跑练习	10组,每组1次

第3~6周 力量强化阶段

第7~8周 体能恢复阶段

第1天:力量训练	
直腿硬拉	3组,每组8个
臀桥	3组,每组8个
箭步蹲	3组,每组8个
负重登台阶	3组,每组8个
反向两头起	3组,每组力竭

第2天:敏捷度训练	
滑步练习	6组,每组1次
X跑练习	4组,每组1次
直角跑练习	4组,每组1次
梯形跳练习	4组,每组1次
转髋跳练习	4组,每组1次

第3天:速度训练	
启动跑练习	10组,每组1次

第4天:敏捷度训练	
滑步练习	6组,每组1次
X跑练习	4组,每组1次
直角跑练习	4组,每组1次
梯形跳练习	4组,每组1次
转髋跳练习	4组,每组1次

第5天 速度训练	
加速跑练习	10组,每组1次

3.踝关节伤病预防与恢复方案

踝关节伤病多为外力挫伤，在恢复性训练时一定要注意柔韧性以及踝关节与跟腱周围肌肉的强度。

训练目标：恢复踝关节影响的速度以及弹跳力。

训练难度：★★★★

见效速度：★★★

训练强度：★★★

计划周期：4~8周

训练时间：休赛期

（463、464）

463

464

第1~2周 体能储备阶段

第1天:踝关节肌肉训练	
非受伤腿反向提踵	3组,每组15~20个
非受伤腿坐姿提踵	3组,每组15~20个

第2天:上肢肌肉训练	
平板卧推	3组,每组10个
单臂划船	3组,每组10个
跪姿肱三头肌臂屈伸	3组,每组10个
牧师椅弯举	3组,每组10个

第1天:踝关节肌肉训练	
反向提踵	3组,每组15~20个
坐姿提踵	3组,每组15~20个
提踵	3组,每组10个

第2天:上肢肌肉训练	
平板卧推	3组,每组10个
坐姿划船	3组,每组10个
跪姿肱三头肌臂屈伸	3组,每组10个
牧师椅弯举	3组,每组10个
器械推举	3组,每组10个

第3天:踝关节力量训练	
反向提踵	3组,每组15~20个
坐姿提踵	3组,每组15~20个
提踵	3组,每组10个

第4天:跳跃与速度训练	
脚尖跳	3组,每组50个
变速跑	3组,每组1次
滑步练习	6组,每组1次

第3~6周 力量强化阶段

第1天:力量训练	
反向提踵	3组,每组15~20个
坐姿提踵	3组,每组15~20个
提踵	3组,每组10个

第2天:敏捷度训练	
滑步练习	6组,每组1次
X跑练习	4组,每组1次
直角跑练习	4组,每组1次
梯形跳练习	4组,每组1次
转髋跳练习	4组,每组1次

第3天:速度练习	
启动跑练习	3组,每组1次
后踢腿跑练习	3组,每组1次
高抬腿跑练习	3组,每组1次

第4天: 跳跃练习	
脚尖跳	3组,每组100个
箭步跳	3组,每组15个
跳台阶	3组,每组15个
单脚跑跳	3组,全场距离

第4天: 上肢肌肉训练	
平板卧推	3组,每组10个
引体向上	3组,每组10个
借力推举	3组,每组10个

4.肩关节伤病预防与恢复方案

肩关节伤病多为不正确的发力姿势所致，在恢复性训练时一定要注意肩部肌肉间，以及肩部与背部、胸部、斜方肌等肌肉的平衡发展。

训练目标：恢复肩关节影响的投射与防守能力。

训练难度：★★★

见效速度：★★★★

训练强度：★★★

计划周期：4~8周
训练时间：休赛期
（465、466）

465

466

第1~2周 体能储备阶段

第1天:肩部肌肉训练	
自动织布机训练	3组,每组10个
反向蝴蝶机训练	3组,每组10个

第2天:下半身力量训练	
腿举	3组,每组10个
腿屈伸	3组,每组10个
腿弯举	3组,每组10个
坐姿提踵	3组,每组10个

第1天:肩部肌肉训练	
绳索侧平举	3组,每组10个
绳索俯身侧平举	3组,每组10个
绳索站姿划船	3组,每组10个

第2天:背部与胸部训练	
自动织布机训练	3组,每组10个
坐姿下拉	3组,每组10个
坐姿推胸	3组,每组10个
绳索飞鸟	3组,每组10个

第3天:下肢力量训练	
腿举	3组,每组10个
腿屈伸	3组,每组10个
腿弯举	3组,每组10个
提踵	3组,每组10个
反向提踵	3组,每组10个

第4天:肩部力量训练	
器械推举	3组,每组10个
哑铃推举	3组,每组10个

第5天:篮球专项训练
各种投射练习

第3~6周 力量强化阶段

第7~8周 体能恢复阶段

第1天:上肢力量训练	
推举	3组,每组10个
平板卧推	3组,每组10个
引体向上	3组,每组10个

第2天:下肢力量训练	
哈克深蹲	3组,每组8个
屈腿硬拉	3组,每组8个
提踵	3组,每组15~20个
反向提踵	3组,每组15~20个
臀屈伸	3组,每组10个

第3天:篮球专项训练
各种投射练习

第4天:敏捷度训练	
滑步练习	6组,每组1次
X跑练习	4组,每组1次
直角跑练习	4组,每组1次
梯形跳练习	4组,每组1次
转髋跳练习	4组,每组1次

第5天:篮球专项训练
各种投射练习

5.肘关节与腕关节伤病预防与恢复方案

肘关节与腕关节的伤病多为不正确发力或受外力扭伤所致，在恢复性训练时一定要注意动作的选取，避免给予关节直接压力。此外，手臂屈伸肌肌群的平衡发展也是避免炎症出现、运动能力受损的重中之重。

训练目标：恢复肘关节与腕关节影响的投射与传控能力。

训练难度：★★

见效速度：★★★

训练强度：★★★

计划周期：4~8周
训练时间：休赛期
（467、468）

467

468

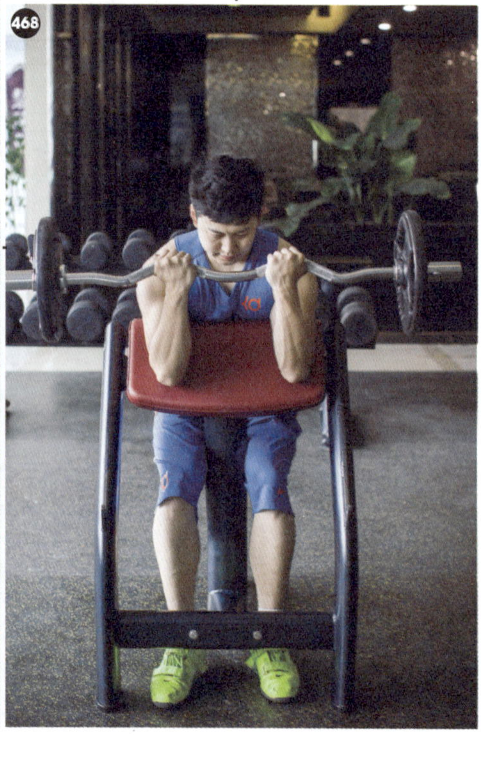

第1~2周 体能储备阶段

第1天:肘关节周围肌肉训练	
杠铃弯举	3组,每组10次
牧师椅弯举	3组,每组10次
绳索弯举	3组,每组10次

第2天:腕关节周围肌肉训练	
腕弯举	3组,每组10个
腕屈伸	3组,每组10个
握力器	3组,每组力竭

第1天:肘关节屈伸力量训练	
绳索臂屈伸	3组,每组10个
杠铃弯举	3组,每组10个
锤式弯举	3组,每组10个
借力推举	3组,每组10个

第2天:腕关节屈伸力量训练	
腕弯举	3组,每组15个
腕屈伸	3组,每组15个
握力器	3组,每组力竭
体后腕弯举	3组,每组15个

第3天:下肢力量训练	
哈克深蹲	3组,每组10个
腿弯举	3组,每组10个
箭步蹲	3组,每组10个
提踵	3组,每组10个
反向提踵	3组,每组10个
臀屈伸	3组,每组10个

第5天:柔韧拉伸练习
拉伸股四头肌与股二头肌相关肌肉与关节

第3~6周 力量强化阶段

第1天:上肢力量训练	
借力推举	3组,每组10个
引体向上	3组,每组10个
下斜卧推	3组,每组10个
腕弯举	3组,每组15~20个
腕屈伸	3组,每组15~20个

第2天:下肢力量训练	
哈克深蹲	3组,每组10个
硬拉	3组,每组10个
箭步蹲	3组,每组10个
罗马椅挺身	3组,每组10个
提踵	3组,每组10个
反向提踵	3组,每组10个

第3天:篮球专项训练
投篮、传球、运球练习

第4天:上肢力量训练	
借力推举	3组,每组10个
引体向上	3组,每组10个
下斜卧推	3组,每组10个
腕弯举	3组,每组15~20个
腕屈伸	3组,每组15~20个

第5天:篮球专项训练
投篮、传球、运球练习

附录一 体能的自我检测标准

此处列举一些NBA知名球星在新秀赛季的体测数据以及体测项目，供篮球爱好者们进行简单的体能检测与评析。

一、组织后卫

姓名	体重	脂肪	原地跳	助跑跳	卧推	底线折返跑	3/4场冲刺
辛里奇	84kg	5.3%	73cm	85cm	10次	10.98s	3.1s
哈里斯	77kg	NA	77cm	93cm	5次	11.03s	3.9s
保罗	80kg	NA	81cm	96cm	10次	11.09s	3.22s
德隆	91kg	NA	76cm	88cm	15次	10.83s	3.25s
威斯布鲁克	87kg	4.8%	76cm	92cm	12次	10.98s	3.08s

二、得分后卫

姓名	体重	脂肪	原地跳	助跑跳	卧推	底线折返跑	3/4场冲刺
韦德	96kg	6.7%	80cm	89cm	9次	10.56s	3.08s
罗伊	94kg	7.6%	86cm	102cm	6次	11.13s	3.27s
埃里克·戈登	100kg	8.2%	81cm	100cm	15次	10.81s	3.01s
哈登	100kg	10.1%	80cm	93cm	17次	11.1s	3.13s
埃文斯	100kg	7.1%	72cm	86cm	7次	11.81s	3.17s

三、小前锋

姓名	体重	脂肪	原地跳	助跑跳	卧推	底线折返跑	3/4场冲刺
安东尼	105kg	8%	77cm	85cm	7次	11.4s	3.15s
伊戈达拉	98kg	NA	77cm	87cm	4次	11.17s	3.18s
杜兰特	97kg	6.6%	66cm	92cm	NA	12.33s	3.45s
德罗赞	95kg	4.9%	73cm	97cm	5次	11.83s	3.31s
盖伊	100kg	5.7%	83cm	102cm	9次	11.03s	3.32s

四、大前锋

姓名	体重	脂肪	原地跳	助跑跳	卧推	底线折返跑	3/4场冲刺
波什	102kg	8%	77cm	83cm	9次	11.8s	3.3s
阿尔德里奇	106kg	8.7%	67cm	86cm	8次	12.02s	3.43s
乐福	115kg	12.9%	75cm	89cm	18次	11.17s	3.22s
格里芬	112kg	8.2%	81cm	90cm	22次	10.95s	3.28s
费沃斯	111kg	6.5%	80cm	90cm	14次	11.74s	3.25s

五、中锋

姓名	体重	脂肪	原地跳	助跑跳	卧推	底线折返跑	3/4场冲刺
霍华德	109kg	NA	80cm	90cm	7次	11.21s	3.14s
博古特	114kg	NA	70cm	85cm	13次	12.06s	3.51s
奥登	116kg	7.8%	81cm	86cm	NA	11.67s	3.27s
霍福德	111kg	9.1%	79cm	90cm	20次	12.15s	3.37s
考辛斯	132kg	16.4%	59cm	70cm	NA	11.4s	3.55s

附录二 常见食物营养价值与饮食计划

肉蛋奶类(100g)	卡路里	蛋白质	脂肪
牛肉	148	28	4
小牛肉	111	21	3
猪肉	320	17	28
鸡蛋	133	13	9
火鸡	123	21.8	4
豆奶	60	5.7	3
酸奶	60	5.4	1.4

蔬菜类(100g)	卡路里	蛋白质	碳水化合物
茄子	29	1.3	5.5
芹菜	20	1	4
蘑菇	28	3	4
白菜	28	1.5	5
黄瓜	13	1	2
绿豆	40	2.5	7
辣椒	42	2	7.5
豆腐	146	14	2.8
西红柿	20	1	4
生菜	13	1.3	2
土豆	87	1.5	19

谷物类(100g)	卡路里	蛋白质	碳水化合物	脂肪
白米饭	100	2.1	25	0.1
全麦面包	285	9	49	1.8
饼干	362	7	75	0.8
饼干	255	7	55	0.8

海鲜 (100g)	卡路里	蛋白质	脂肪
三文鱼	200	20	14
虾	98	21	1.5
金枪鱼	225	27	13
牡蛎	70	12	1.5

油类 (100g)	卡路里	蛋白质	脂肪
橄榄油	899	0	99.9
葵花油	899	0	100
黄油	717	0	99.5
奶油	300	3	30

水果类(100g)	卡路里	蛋白质	碳水化合物
菠萝	51	0.5	12
香蕉	95	1	22
樱桃	77	1	17
柠檬	40	1	9
草莓	80	0	19
奇异果	63	0.5	15
芒果	40	1	9
西瓜	60	0.4	15
荔枝	53	1.6	11
橘子	16	0.5	2.5
桃子	30	0.4	7
梨	47	0.5	11
苹果	61	0.4	14
葡萄	52	0.3	12

快速降低体脂率饮食计划A

目标:最大限度降低体脂率,并尽可能保持原有的肌肉质量与运动能力。
总体规划:碳水化合物:蛋白质:脂肪=3:6:1
每日热量摄入:2200Kcal
饮水量:2~3L

早餐
100g燕麦
1个苹果
3~5个蛋清
1杯酸奶

加餐
1杯蛋白质饮料或奶酪100g
2个奇异果

午餐
100g蔬菜
150g米饭
300g肉类或鱼类
1~2个鸡蛋

加餐(训练后)
180g肉制品或1杯蛋白质饮料
3片全麦面包

晚餐
150g蔬菜
300g肉类或鱼类

夜晚加餐
1杯蛋白质饮料或牛奶
300g肉类或鱼类

快速降低体脂率饮食计划B

目标:最大限度降低体脂率,并尽可能保持原有的肌肉质量与运动能力。
总体规划:碳水化合物:蛋白质:脂肪=3:6:1
每日热量摄入:2200Kcal
饮水量:2~3L

早餐
150g燕麦或120g面包
1个水果
4个蛋清
2杯酸奶

加餐
250g奶酪+100g水果

午餐
300g米饭
250g肉类
100g蔬菜
1~2个鸡蛋

晚餐
300g米饭或500g土豆
200g蔬菜
300g鱼类

加餐(训练后)
250g奶酪+100g水果

夜晚加餐
1杯蛋白质饮料或4个鸡蛋

极速改善肌肉质量饮食计划

目标:最大限度增加瘦肌肉数量,改善肌肉原本质量不佳的问题。

总体规划:碳水化合物:蛋白质:脂肪=4:5:1

每日热量摄入:2500Kcal

饮水量:2~3L

早餐
150g燕麦片
5~6个蛋清
2杯酸奶

加餐
1杯蛋白质饮料
70g水果

午餐
100g蔬菜
300g米饭或400g土豆
300g肉类

加餐(训练后)
1杯蛋白质饮料或150g肉类
3片全麦面包

晚餐
150g米饭或200g土豆
200g蔬菜
300g肉类或鱼类

夜晚加餐
1杯蛋白质饮料或5个蛋清

快速减轻体重饮食计划

目标:最大限度减轻体重。

总体规划:碳水化合物:蛋白质:脂肪=2:7:1

饮水量:2L

早餐
5个蛋清
3片全麦面包
1个奇异果

加餐
1个水果(香蕉除外)

午餐
120g米饭
200g鱼肉
蔬菜不限量

加餐(训练后)
肉制品100g

晚餐
150g鱼肉
蔬菜不限量
1碗汤